Ramona Leiß
Walter Hansen

Die schönsten Küchenlieder

Ramona Leiß · Walter Hansen

Die schönsten Küchenlieder

Volkslieder und Volksballaden zum Singen, Tanzen und Musizieren

Gewürzt mit einigen Küchenrezepten der besonderen Art

Mit Akkordbezifferungen
von Georg Schwenk

Illustrationen von
Michaela Andreas-Rainer

nymphenburger

Wenn unter einem Lied kein Name eines Dichters oder Komponisten steht, sind Text oder Melodie unbekannten Ursprungs.

Schutzumschlag: Bernd und Christel Kaselow, München
Umschlagillustration: Michaela Andreas-Rainer
Satz und Notensatz: GL-Satz, Berchtesgaden
Druck und Binden: Neue Stalling, Oldenbourg
Printed in Germany
ISBN 3-485-00737-4

Inhalt

Was das Herz bewegt, wenn der Magen knurrt

Es mag viele mögliche Gründe geben, weshalb Sie gerade dieses Buch zur Hand genommen haben: Vielleicht wollte Ihnen jemand, der Sie gerne hat, eine Überraschung bereiten, vielleicht sind Sie wie ich ein Sammler echter Volkslieder, und da wäre ein Bücherregal ohne Küchenlieder wie ein exquisites Gericht ohne Gewürze, vielleicht aber haben Sie bereits unser erstes Buch »Die schönsten Volkslieder« mit Freude und Interesse gelesen und sind nun gespannt darauf, was wir Ihnen über Küchenlieder zu berichten wissen.

In der Tat gab die große Resonanz des ersten Buches Anlaß, ein weiteres folgen zu lassen. Nach dem Grundsatz »never change a winning team« haben der Münchener Autor Walter Hansen und ich auch das neue Projekt wieder gemeinsam realisiert.

War es bei unserem ersten gemeinsamen Buch die Idee, in wohlrecherchierter, aber auch feuilletonistischer Weise einen globalen Überblick über Volkslieder und die Zeit, die sie geprägt haben, zu geben, so war es beim vorliegenden Buch die Idee, jene Zeiten mit dem Herzen des einfachen Volkes zu erspüren, das Tür an Tür mit den Herrschaften »von oben« dort zusammenlebte, wo es um die existentiellen Dinge des Lebens ging: in der Küche.

Was mögen sie gefühlt haben, jene Mädchen und Frauen, die für einen Hungerlohn oder nur das Dach über dem Kopf ein grandioses Mahl für die noblen Damen und Herren des Hauses richteten, so nah an Glanz und Reichtum und doch so fern? Wie ein Spiegel der Zeit sind ihre Lieder. Eben die Lieder, die vor allem in der Küche gesungen wurden. Nicht in allgemeinem Weh und Ach ergeben sie sich, sondern – modern gesagt – in sehr lebendigen und lebensnahen »Stories«. Küchenlieder sind Lieder, die Geschichten erzählen: traurige, lustige, verträumte, freche, sehnsuchtsvolle, schadenfrohe – kurzum, alles, was das Herz bewegt, wenn der Magen knurrt.

Der Magen knurren sollte Ihnen natürlich nicht. Und so wollten wir auch Ihr leibliches Wohl im Auge behalten. Was lag näher, als einige der Küchenlieder mit einem Rezept zu garnieren, welches auf humorvolle Art eine schmackhafte Ergänzung bietet! Das Problem war nur, unser beider Kochkünste würden uns zwar vor dem Verhungern bewahren, Sie aber nicht vom Hocker reißen. Die Lösung lag in einem angenehmen Zufall. Seit einiger Zeit besitzt meine Familie einen Hotelgasthof in der Nähe Münchens. Und der Pächter, Jürgen Hofmann, ist jung an Jahren und reich an Erfahrung. In seinem Lebenslauf als Koch finden sich Stationen wie das »Le Gourmet« im schweizerischen Martigny, das »La Tante Claire« in London, das »Waldhorn« in Ravensburg oder das Feinschmeckerrestaurant »Ochsen« in Davos. Mein Meisterkoch ließ sich zu unseren oft abenteuerlichen Rezeptvorstellungen »cuisinefamos« inspirieren, ertrug mich geduldig als Assistentin, die oft genug im Weg stand, und schuf Rezepte, die Sie wohl nicht so leicht in diversen Kochbüchern finden werden. Frei nach dem Motto: Es darf gern mal deftig sein und es darf gern mal vom Feinsten sein. Denn schließlich treffen Sie ja auch die unterschiedlichsten Hauptpersonen in unseren Küchenliedern: das einfache Mädchen oder den Handwerksburschen genauso wie die Königstochter oder den Märchenprinzen.

Ich wünsche Ihnen von ganzem Herzen viel Spaß auf der Reise zurück in vergangene Zeiten. Und wer weiß, vielleicht stellen Sie so manches Mal fest: So vergangen sind die Zeiten ab und an ja gar nicht. Das würde einleuchten, denn Volkslieder sind heute noch aktuell wie einst. Sonst wären sie doch nicht von Generation zu Generation überliefert worden, oder?

Und noch was: Lassen Sie es sich schmecken, und ich würde mich freuen, wenn Sie das eine oder andere Gläschen für uns mittrinken!

Herzlichst Ihre

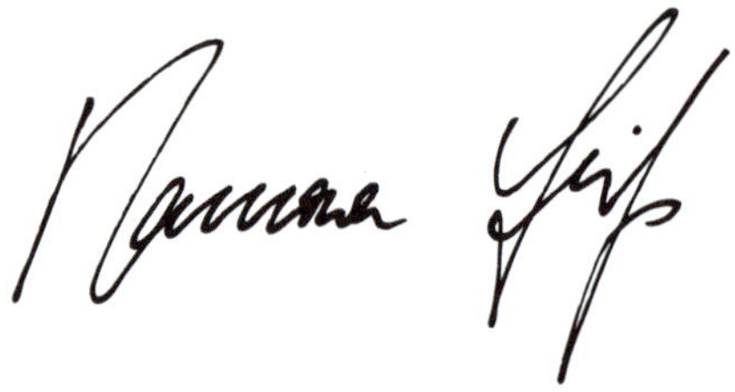

Lied und Seele

Küchenlieder sind Volkslieder besonderer Art: sozialkritische Dokumente, Seelentröster, soziale Blockadebrecher.

Sie erzählen von Liebe ohne Standesunterschied, sie berichten von Ungerechtigkeit und ausgleichender Gerechtigkeit, sie fördern Träume vom sozialen Aufstieg und schürten revolutionäre Stimmungen.

Sie zeigen die Abgründe einer Zeit, die brutalisiert war von spießbürgerlicher Moral, sie schildern Schicksale, die provoziert wurden von verlogener Wohlanständigkeit.

Und das alles melodiös und phantasievoll, mal lustig, mal melancholisch, mal frech, mal besinnlich.

Texte und Melodien gingen schnell ins Ohr, ins Herz und ins Gemüt. Küchenlieder waren im gesamten deutschsprachigen Raum populär – und viele sind es heute noch.

Sie wurden in den Küchen der Herrschaftshäuser gesungen, von Köchinnen und Dienstboten, aber nicht nur von ihnen und nicht nur dort. Sie waren Trost, Freude und Glück aller kleinen Leute, der Wäscherinnen und Schäferinnen, der Handwerkstöchter und Handwerksburschen, der Meister und Frau Meisterinnen, der Pfarrerstöchter und fahrenden Studenten, der Soldaten und Soldatenliebchen, der Soldatenfrauen und Kriegerwitwen, der ledigen Mütter und unehelichen Kinder, der Jahrmarktleute, Moritatensänger, Akrobaten und Bärentreiber.

Sie waren in Spinnstuben zu hören, auf dem Dorfplatz, unter der Linde, in Wirtshäusern und auf Rummelplätzen.

Drehorgelmänner sangen sie in den Hinterhöfen der Herrschaftshäuser, wo die Küchenfenster hinausgingen, wo Köchinnen und Dienstboten die Texte der Melodien aufschnappten und selber sangen, so daß es wie ein Echo in die Hinterhöfe hinunterklang: Küchenlieder.

Deshalb der Name. Ein Teil fürs Ganze, ein stellvertretender Name für Lieder, die herausgefordert wurden vom Spannungsverhältnis sozialer Unterschiede, vom extremen Standesgefälle vergangener Zeiten, von der engen Tuchfühlung, die sich in Schlössern und Patrizierhäusern dadurch ergab, daß Herrschaft und Personal unter einem Dach wohnten, getrennt gewissermaßen nur von der Küchentür.

Manches Küchenlied durfte nicht zu laut gesungen werden, so etwa die Liebesgeschichte von der Frau des Markgrafen und dem Zimmermannsgesellen. Denn die Herrschaften »draußerhalb« der Küchentür hörten ungern von erotischen Ausrutschern standeswidriger Art, wohl deshalb, weil es zwischen reichen, hochgestellten Damen und strammen Handwerksburschen durchaus Techtelmechtel gab, die es unter den Kristall-Lüstern eher zu vertuschen als zu besingen galt.

Häufig gab's auch standeswidrige Liebeleien zwischen hohen Herren und Dienstmädchen. Der Hang zum Küchenpersonal und Aschenputtels Traum vom Prinzen gingen kurzfristige Allianzen ein. Nach schnellem Glück tauchte der hohe Herr meist von heute auf morgen wieder ab, und Aschenputtel blieb auf der Strecke. Kein Hochzeitsfest wie im Märchen, kein Gang zum Traualtar – sondern Höllensturz ins soziale Abseits: verführt, sitzengelassen, womöglich noch geschwängert und somit entehrt, wie es im damaligen Sprachgebrauch hieß, von der Arbeitsstelle mit Schimpf und Schande verjagt, von Vater und Mutter verstoßen, als ledige Frau mit unehelichem Kind ohne Chance.

Schwer vorstellbar heute, daß die Liebe ohne Trauschein für Mädchen aus dem Volk mit Horrorvisionen überlastet war. Viele Küchenlieder, die sich mit diesem Problem befassen, enden mit Tränen – doch nicht alle. Manchmal forderte das Volk eine freundliche Schlußpointe.

So etwa bei dem Küchenlied von der schönen Schäferin und dem stolzen Reiter: Liebe, große Erwartung, Schwangerschaft, Trennung, uneheliches Kind, Beschimpfung und Vorwürfe. Die letzte Strophe verklang mit traurigem Refrain: »Da weinte das Mädchen so sehre.«

Indes – mit diesem traurigen Schluß setzte sich das Lied nicht durch, keiner wollte was von Tränen hören, und so geschah es, daß irgendein ahnungsvoller Stegreifpoet gewissermaßen unter dem höheren Diktat des Volkes zwei Strophen mit Happy-End dazuschrieb: Die Schäferin bekommt ihren Reiter, das Kind seinen Vater. »Da lachte das Mädchen so sehre.«

Das Glück war korrigiert, der Erfolg auch. Das Lied verbreitete sich über Nacht im deutschsprachigen Raum wie alle anderen Küchenlieder und Volkslieder, deren Texte sich den Wünschen und Sehnsüchten des Volkes anschmiegten.

Weithin berühmt war auch die Moritat von der Magd, die das ermordete Neugeborene der unverheirateten Herrschaftstochter untergeschoben bekommt und als vermeintliche Mörderin zum Tode verurteilt wird. Eine durchaus realistische Situation, eine wahre Geschichte wohl auch.

In fast allen Textvarianten stirbt die Magd am Galgen – nicht so in den Strophen, die sich als Küchenlieder durchgesetzt haben. Hier werden Gerechtigkeit und Rettung im letzten Augenblick geboten: Die Magd kommt herunter vom Galgen, die Herrschaftstochter hinauf, die Mutter aufs Rad, die Hebamme ins Feuer.

Ein weiteres Motiv, das in Küchenliedern besungen wurde, war – modern gesagt – das Intimleben der Royals. Ein durchaus zeitloses Thema, wie man erkennt.

Balladen und Moritaten überlieferten historisch wahre Geschichten, die dem Volk zeigten, daß es auf den Fürstenhöfen da oben nicht immer so nobel zuging, wie es nach außen den Anschein hatte. Jahrhundertelang wurde mit Entrüstung und Behagen eine Greueltat aus dem Jahre 1065 besungen: Markgraf Ludwig der Springer von Thüringen verliebte sich in Adelheid, die Gemahlin des Pfalzgrafen Friedrich von Sachsen. Mit Wissen seiner Geliebten erdolchte er ihren Ehemann (sehr literarisch unter einer Linde übrigens, wie es seit Siegfrieds Tod zur guten Tradition gehört bei gehobener Meuchelei).

Daß Mörder und Mittäterin heirateten und fünf Kinder zeugten, verschwieg die Moritat. Das Volksempfinden ließ Eheglück und Kindersegen nicht zu. Der Schluß des Liedes wurde verfälscht: Den Mörder holte der Teufel des schlechten Gewissens.

Auch liebenswürdige Geschichten von den Royals gefielen dem Volk, vor allem die in vielfältigen Varianten erzählte Story von der Königstochter, die im goldenen Käfig der sittsamen Erziehung schmachtete und sich in den Reiter verliebte, der, von Rang und Stand tief unter ihr, sie »nit erfreien kunnt«. Denn der König war dagegen.

Doch mit Liebeslist gelangten die beiden dann doch noch ans Ziel ihrer Wünsche, und dem König, der sie dabei erwischte, blieb nichts anderes übrig, als die standeswidrige Krot' zu schlucken und den Reiter als Schwiegersohn zu akzeptieren.

Ein Kapitel für sich sind Gespensterlieder. Das Volk hatte sie gerne, die balladesken Gruselkrimis, die sich auf Dolches Schneide bewegten zwischen abergläubischer Furcht und schwarzem Humor: »Zwölfe schlug's, da drang durch die Gardine eine bleiche, kalte Totenhand. Was erblickt er? – Seine Wilhelmine, die im Sterbekleide vor ihm stand.«

Doch Gänsehaut und gesträubte Haare waren nur vordergründige Zutaten zu Gruselliedern ernsthafter und tröstlicher Art, die beispielsweise von alter Sage und archetypischer Sehnsucht viel Wunderbares berichten: Von der Liebe, die so groß ist, daß sie ein Wiedersehen sogar ermöglicht zwischen Lebenden und Toten.

Tröstliches berichteten auch die Lieder über Strafgerichte böser Geister, tröstlich deshalb, weil das Volk darin eine ausgleichende Gerechtigkeit erkannte für ungesühnte Freveltaten. Denn mit der irdischen Gerechtigkeit war's nicht weit her zu einer Zeit, als der Standesunterschied oft mehr galt als richterliche Unabhängigkeit.

Wer also der irdischen Gerechtigkeit entrann oder gar ein armes Mädchen ungestraft sitzenließ, um eine Reiche zu heiraten, den traf die Rache aus einer unheimlichen Welt: der »war verloren ohne Wiederkehr. Als ein Scheusal, als ein Ungeheuer, irrt sein Geist um Mitternacht umher«.

Ein weiteres Motiv der Küchenlieder war die wunderbare und spannungsgeladene Heimkehr, besonders aktuell zu einer Zeit, als so gut wie alle jungen Männer traditionellerweise

auf Wanderschaft gehen mußten: Die Handwerksburschen zogen von Meister zu Meister, der Student wanderte von Universität zu Universität, Handelsmänner und Fuhrleute waren auf Achse, Soldaten marschierten als Patrioten oder Söldner in diese und jene Kriege.
Für die daheimgebliebenen Mädchen und Ehefrauen drängte sich die Frage auf, ob jahrelange Treue wohl auch belohnt werde. Ob der Handwerksbursch, der einst zum Städtele 'naus zog, nicht irgendwo anders längst die Tochter eines Meister geheiratet hat. Ob der fahrende Scholar sich noch an seine Studentenliebe in Dingsda erinnert, die täglich auf seine Heimkehr wartet. Ob der Fuhrmann nicht etwa in jedem Städtchen ein Mädchen hat, dem er die Treue schwor.
Ein weiteres Problem, vor allem für die Mädchen und Frauen von Soldaten, war die unzuverlässige Nachrichtenübermittlung vergangener Zeiten. Irrtümliche oder gefälschte Todesbotschaften erreichten die Daheimgebliebene. Sie fühlte sich verwitwet und heiratete mit bestem Gewissen wieder, gründete eine neue Familie, bekam Kinder – und plötzlich steht der Totgeglaubte vor der Tür: Eine in Küchenliedern viel beschworene Situation. Doch nicht immer war das Wiedersehen traurig, natürlich wurde in Volksballaden auch besungen, wie jahrelange Treue belohnt wird durch die Rückkehr des Geliebten.
Motive, Stoffe und Textvarianten – ein unerschöpfliches Thema, das in Einzelheiten zu erläutern den Rahmen einführender Worte sprengen würde. Hier kann der Besitzer dieses Buches nur eingestimmt werden auf Psychologie und sozialen Background der Küchenlieder – auf die Klänge, die ihn beim Blättern, Singen und Lesen erwarten.
Ein Wort noch zu den Rezepten: Der Begriff »Küchenlieder« gab Anregung, das Buch mit einigen Küchenrezepten zu würzen, die indes nicht als kulinarhistorische Zuordnung aufzufassen sind, etwa dergestalt, daß zu einer Story aus dem Mittelalter auch ein Menü nach Art mittelalterlicher Eßgewohnheiten geboten wäre.
Die Rezepte und ihre Zubereitungen sollen Spaß machen und als augenzwinkernde Assoziation zu den in Küchenliedern erzählten Geschichten verstanden werden. Denn: Essen und Trinken hält Lied und Seele zusammen.

Es wollte ein Mädchen die Lämmlein hüten

DAS ERSTE KAPITEL DER KÜCHENLIEDER

worin von Mädchen und Männern berichtet wird,
die zur Liebe verführt wurden und allerlei Kümmernisse
überwinden mußten, bevor sie ihr Glück fanden

Es wollte ein Mädchen die Lämmlein hüten

2. »Feins Liebchen komm, wir wollen ein wenig hier scherzen!«
»Ach artiger Reiter, das geht ja doch nicht von Herzen.«
»Komm laß uns ein wenig bei Seite gehn!
Was brauchen die Leute uns alle zu sehn?«
Da lachte das Mädchen so sehre.

3. Sie gingen zusammen den Berg hinauf gar balde
Und setzten sich nieder bei einem Baum im Walde;
Er brach sich ab einen grünen Zweig
Und machte das Mägdlein zu seinem Weib.
Da lachte das Mädchen so sehre.

4. Und als sie nun eine Weile beisammen gewesen;
»Ach artiger Reiter, ich habe noch eins vergessen:
Wenn mich nun meine Mutter jaget hinaus,
Ach Reiter, wo find ich dann Euer Haus?«
Da weinte das Mädchen so sehre.

5. »Mein Haus steht drunten zu Köllen wohl an dem Rheine,
Es ist gebauet von Marmorstein gar feine;
Es hat weder Weg, es hat weder Steg,
Feins Liebchen, scher du dich deiner Weg!«
Da weinte das Mädchen so sehre.

6. Und als sie nun nach Hause kam gegangen,
Da kam die Mutter daher mit der langen Stangen:
»Wo bist du gewesen, du faule Haut?
Du bist wohl gewesen des Reiters Braut?«
Da weinte das Mädchen so sehre.

7. »Ach Mutter, ich bin im Rosengarten gewesen,
Da hab ich mir einen Dorn in den Fuß getreten.«
»Ja wohl einen Dorn in den linken Fuß,
Davon du dreiviertel Jahr hinken mußt.«
Da weinte das Mädchen so sehre.

8. »Wenn andre Mädchen zum Tanze geh'n und springen,
Da mußt du bei der Wiege steh'n und singen:
Schlaf ein, schlaf ein, lieb Kindelein!
Wo mag dein Vater, der Reiter, wohl sein?«
Da weinte das Mädchen so sehre.

9. Das erste Jahr, da lag es in der Wiegen,
Das zweite Jahr, da lernte es schon kriechen,
Das dritte Jahr hatt' es keine Not,
Das vierte Jahr aß es Butter und Brot.
Da lachte das Mädchen so sehre.

10. Das fünfte Jahr, da ging's wohl an die Sonnen,
Das sechste Jahr holt's Wasser an dem Brunnen,
Das siebente Jahr kam der Bräutigam her
Und holte die Braut auf seinem Pferd.
Da lachte das Mädchen so sehre.

Die Ballade endete ursprünglich mit der traurigen Strophe 8. Doch das Volk forderte ein Happy-End, und irgendein Stegreifdichter schrieb die zwei versöhnlichen Strophen 9 und 10 dazu.

Wär ich ein wilder Falke

2. Denn darin lebt ein Mädlein,
Magdalena ist sie genannt,
So hab ich freier Berggesell
Kein schöner braun's Maidlein erkannt.

3. An einem Montag es geschah,
An einem Montag sehr früh,
Da sah ich die schöne Magdalena
In Vaters Garten ausgehn.

4. Da sie nun in den Garten kam,
Wohl unter die Linden lief,
Da lag ich freier Berggesell
Darunter süß und schlief.

5. »Wohlauf, mein Berggesell, geschwinde,
Denn es ist an der Zeit,
Ich hör die Schlüsselein klingen,
Mein Mutter ist nit weit.«

6. »Hörst du die Schlüsselein klingen
Und ist dein Mutter nit weit,
So flieh mit mir von hinnen
Wohl über die Heiden breit.«

7. Ich nahm sie bei der Hände,
Bei ihrer schneeweißen Hand,
Und führt sie an ein Ende,
Wo ich ein Herberg fand.

8. Da lagen wir zwei in Freuden.
Bis auf dritthalbe Stund:
»Kehr dich rumb, schöne Magdalena,
Beut mir dein roten Mund.«

9. »Du sagst mir wohl von Kehren,
Sagst mir von keiner Eh;
Und wär es nicht geschehen,
Geschäh's doch nimmermehr.«

10. Und wer dieses Liedlein gesungen,
Von neuem gesungen hat:
Ein freier Berggesell ist er genannt,
Auf Sankt Annaberg in der Stadt.

Melodie: Friedrich Reichardt

Der Handwerksbursch und die Frau des Markgrafen: Eine solche Liebesgeschichte war natürlich ein interessantes Thema für Küchenlieder. Die folgende Ballade erwies sich denn auch als Dauerhit im deutschsprachigen Raum.

Die Gründe für den Erfolg liegen auf der Hand: Es wurden soziale Schranken aufgebrochen, Standesunterschiede nivelliert und Sehnsüchte des kleinen Mannes befriedigt. Es wurde Einblick geboten hinter die Kulissen der guten Gesellschaft und gezeigt, daß es dort nicht immer so sittsam zuging, wie es den Anschein hatte. Schließlich bekam das Volk noch Gelegenheit, Partei zu ergreifen: für den Handwerksbursch und gegen den betrogenen Landesherrn, dem auch noch die Schadenfreude galt.

Die Markgräfin und der Zimmergesell

2. Und als das Haus gebauet war,
Legt' er sich hin und schlief;
Da kam des jungen Markgrafen Weib,
Zum zweiten und dritten sie rief:

3. »Steh auf, steh auf, junger Zimmergesell,
Denn es ist an der Stund;
Hast du wohl ja gebaut das Haus,
So küß mich auf meinen Mund!«

4. »Ach nein, ach nein, Markgräfin fein,
Das wär uns beiden ein Schand;
Denn wenn es der junge Markgraf erführ,
Müßt ich wohl meiden das Land.«

5. Und als sie beide beisammen war'n
Und meinten, sie wären allein,
Da führte der Teufel das Kammerweib her,
Zum Schlüsselloch guckt sie hinein.

6. »Ach Herr, ach Herr, ach edler Herr,
Komm selber her und schau:
Da küßt der schwarzbraune Zimmergesell
Gar deine schneeweiße Frau.«

7. »Und hat er geküßt meine schöne Frau,
Des Todes muß er sein!
Einen Galgen soll er sich selber erbaun
Zu Schaffhausen drauß an dem Rhein.«

8. Und als der Galgen gebauet war,
Da führten sie ihn zur Stell;
Er schlug die Äugelein unter sich,
Der schwarzbraune Zimmergesell.

9. Und als die Frau Markgräfin das vernahm,
Ihr'n Knappen rief sie herein:
»Mein Pferd sollst du mir satteln bald
Gen Schaffhausen drauß an dem Rhein.«

10. Und als das Pferd gesattelt war,
Da ritt sie hinaus gar schnell;
Da stieg die Leiter eben hinan
Der schwarzbraune Zimmergesell.

11. Und als der schwarzbraune Zimmergesell
Die letzte Sprossen auftrat,
Er sprach: »Ihr sieben Landesherren,
Gebt mir ein's Wortes Macht!

12. Und käm die junge Frau Markgräfin
Wohl vor Euer Bettlein zu stahn:
Wollt Ihr sie herzen und küssen,
Oder wollt Ihr sie lassen gahn?«

13. Da sprach zuhand ein Edelherr,
Ein alter, greisgrauer Mann:
»Ich wollt sie herzen und küssen
Und wollt sie freundlich umfahn.«

14. »Wollt Ihr sie herzen und küssen
Und wollt sie freundlich umfahn:
So hat auch der schwarzbraune Zimmergesell
So Arges nicht getan.« –

15. Da sprach der Markgraf selber wohl:
»Wir wollen ihn leben lan!
Ist keiner doch unter uns allen hier,
Der dies nicht hätt' getan.«

16. Was zog er aus seiner Taschen gar schnell?
Wohl hundert Goldkronen so rot:
»Geh mir, geh mir aus dem Land hinaus,
Du findest wohl überall Brot.«

17. Und als er hinausgezogen war
Und ging wohl über die Heid,
Da stund des jungen Markgrafen sein Weib
In ihrem schneeweißen Kleid:

18. »Wohin, du schwarzbrauner Zimmergesell,
Wohin steht dir dein Sinn?«
»Nach Koblenz will ich reisen behend,
Nach Düsseldorf steht mir mein Sinn.«

19. Was zog sie von ihrem Finger gar schnell?
Von Gold ein Ringelein:
»Sieh da, sieh da, junger Zimmergesell,
Dabei gedenk du mein!«

20. Was zog sie aus ihrer Taschen gar schnell?
Vielhundert Dukaten von Gold:
»Nimm's hin, du schöner, feiner Gesell,
Nimm's hin zu deinem Gold.

21. Und wenn dir der Wein zu sauer ist,
So trinke Malvasier;
Doch wenn mein Mündlein dir süßer ist,
So komm nur wieder zu mir!«

Der Zimmergesell, der eben besungen wurde, hat Freud und Leid erfahren und sich dabei ganz schön verausgabt: erst in den Armen der Markgräfin, dann unterm Galgen. Nach seiner Errettung wird er wohl, gerupft wie er ist, etwas Ordentliches zu essen brauchen. Gönnen wir ihm also zur Erinnerung an Bett und Galgen ein Menü, das ihn so richtig aufbaut. Geld genug hat er ja, daß er's bezahlen kann.

Das Leib-und-Seele-Gericht

Flädlesuppe · Gekochter Tafelspitz mit Meerrettichsauce und Salzkartoffeln · Käsekuchen

Flädlesuppe

80 g Mehl · 2 Prisen Salz · 1/4 l Milch · 2 Eier
20 g flüssige Butter · Muskat · 1/2 Bund
Schnittlauch · 1/4 Bund Kerbel
1/4 Bund Petersilie

1. Das Mehl und die Milch glattrühren. Die Eier einrühren und alles durch ein feines Sieb passieren.
2. Den Teig mit Salz und Muskat abschmecken.

3. Den Schnittlauch fein schneiden, die Petersilie und den Kerbel kleinhacken und in den Teig einrühren.
4. Die Butter schmelzen und in den Teig einarbeiten.
5. Die Flädle in einer Pfanne ausbacken, warm einrollen, wenn sie ausgekühlt sind, in dünne Streifen schneiden.
6. Die Flädle in eine Suppentasse geben, mit abgeschmeckter Rindfleischbrühe auffüllen, mit Schnittlauch bestreuen und servieren.

Gekochter Tafelspitz mit Meerrettichsauce und Salzkartoffeln

1 kg Tafelspitz vom Jungrind · 250 g Wurzelgemüse
1 Stange Meerrettich · 1/2 l Tafelspitzbrühe
1/8 l Crème fraîche · 1/8 l Sahne
3 Scheiben Toastbrot · 1 kleine Zwiebel
1 Eßl. Butterschmalz
1 Messerspitze abgeriebene Zitronenschale
Zitronensaft · Salz · Pfeffer
1 Eßl. Zucker · Muskat

1. Den Tafelspitz mit kaltem Wasser abspülen, in kochendes Salzwasser geben und langsam köcheln.

2. Nach ca. 1 1/2 Std. das Wurzelgemüse zugeben, noch ca. 1 Std. weiterkochen bis der Tafelspitz gar ist.
3. Die Stange Meerrettich schälen und fein reiben.
4. Die fein gehackte Zwiebel im Butterschmalz andünsten, Meerrettich und Zucker zugeben und 5 min weiterdünsten.
5. Mit der Tafelspitzbrühe auffüllen und langsam zum Kochen bringen.
6. Von dem Toastbrot die Rinde abschneiden, in kleine Würfel schneiden, in die Meerrettichsauce geben und 20 min köcheln lassen, bis sich das Toastbrot aufgelöst und die Sauce gebunden hat.
7. Die Meerrettichsauce mit der abgeriebenen Zitronenschale, Zitronensaft, Salz, Pfeffer und Muskat abschmecken.
8. Zum Schluß die Sahne und die Crème fraîche unterrühren.
9. Den Tafelspitz aufschneiden, auf einem Teller anrichten und mit der Meerrettichsauce überziehen.
10. Wahlweise Salzkartoffeln und Preiselbeeren dazu servieren.

Käsekuchen

300 g Mehl · 100 g Puderzucker · 170 g Butter
1 Ei · 1 Messerspitze abgeriebene Zitronenschale
1 kleine Prise Salz · 140 g Puderzucker · 6 Eier
500 g Quark · 1/4 l Sahne · Zitronensaft
1 Prise Salz · 50 g Sultaninen

1. Die weiche Butter leicht schaumig rühren, den Puderzucker und das Ei einrühren.
2. Die Zitronenschale und eine Prise Salz zugeben.
3. Das Mehl einarbeiten und den Teig 2 Std. kalt stellen.
4. Die Eier trennen und das Eiweiß schaumig rühren.
5. Puderzucker, Eigelb, Quark, Sahne, Zitronenschale, Zitronensaft, Salz und Sultaninen verrühren und den Eischnee unterheben.
6. Den Teig ca. 3–4 mm dünn ausrollen und eine ausgebutterte Form damit auslegen.
7. Die Quarkmasse einfüllen und im vorgeheizten Ofen bei 150° C ca. 60 min backen.
8. Den Kuchen kalt servieren.

Es wollt ein Maidlein Wasser hol'n

2. Die Mutter zu dem Töchterlein sprach:
»Wo warst du nächt so lange?«
»Ei du liebes Mütterlein
Ich stund bei dreien Manne,
Der eine pfiff mir also wohl,
Daß ich mit ihm mußt tanze,
Der ander wollt mein Buhle sein,
Der dritte hat mich dann verführt
Beim Tanze, beim Tanze.«

3. »So schau, mein liebes Töchterlein
Daß es dich nit gereue!«
»Ach nein, du liebes Mütterlein,
Er gab mir seine Treue.
Hätt er mir sein' Treu' nicht gegeben
Es wär ihm nicht geraten
Er hat der gulden Pfennig viel,
Die woll'n wir von ihm haben
Schweig stille, schweig stille.«

4. Dort in meines Vaters Haus
Steht ein Baum im Garten,
Es sei gleich Ritter oder Knecht,
So darf er mein nit warten:
Hab mir ein fein's Lieb auserkor'n
Gar heimlich und gar stille.
Ich hab mein Kränzlein hie verlor'n
Durch meines Buhlen Wille.
Schweig stille! Schweig stille!

5. Der uns dieses Liedlein sang,
Von neuem hat gesungen,
Das hat getan ein Landsknecht gut,
Ihm ist nit wohl gelungen.
Er singt uns das und noch viel mehr,
Er hat's so frei gesungen.
Er hat kein Geld im Säckel mehr:
Der Würfel hat's ihm genummen
Beim Brunnen, beim Brunnen.

Steht auf, steht auf, ihr jungen Leut'

2. Das Mädchen wohl aus dem Bette sprang,
Den Tag wollt sie beschauen.
»Sei still, sei still, mein junger Knab!
Es sind noch zwei drei Stund bis Tag:
Der Wächter hat uns betrogen, betrogen.«

3. »Ei, wenn uns der Wächter betrogen hat,
Komm her und leg dich nieder!
Komm leg dich in mein' Arm hinein,
Übers Jahr sollst du mein eigen sein,
Mein eigen sollst du werden auf Erden!«

4. »Dein eigen werd ich nimmermehr,
Das kannst du sicherlich glauben.
Wenn du's beschwörst mit deiner Treu,
Daß dir kein andre lieber sei,
So will ich dir's schon glauben, ja glauben.«

5. Des Morgens als der Tag anbrach
Ging sie wohl Wasser holen,
Da begegnet ihr derselbig Knab,
Der die Nacht bei ihr geschlafen hat,
Er bot ihr einen guten Morgen, verborgen:

6. »Guten Morgen, du herztausender Schatz,
Wie hast du hint geschlafen?«
»Ich hab geschlafen in deinem Arm,
Und hab verschlafen, daß Gott erbarm!
Mein Ehr' hab ich verschlafen, verschlafen.«

7. »Dein Ehr', dein Ehr' die verschläfst du nicht,
Laß dich das nicht gereuen.
Ich bin fürwahr ein reicher Knab,
Der auch viel Geld und Güter hat,
Dein' Ehr will ich bezahlen mit Taler.«

8. »Mein Ehr', mein Ehr' die bezahlst du mir nicht,
Du bist ein lustger Schelme.
Wenn Feur und Stroh beisammen sind
Und wenn auch Schnee dazwischen schneit,
Tut es doch endlich brennen, ja brennen.«

Ein Schüssel und ein Häfelein

2. »Hast g'sagt, du willst mich nehmen,
Sobald der Sommer käm,
Der Sommer ist gekommen,
Du hast mich nicht genommen.
Geh schäme dich, geh schäme dich!
Gelt ja, du nimmst mich noch?«

3. »Wie kann ich dich denn nehmen,
Wenn ich dich gar nicht mag?
Du bist ja wüst vom Angesicht,
Verzeih mir's Gott, ich mag dich nicht;
Geh schere dich, geh packe dich,
Und schau mich gar nicht an!«

4. »Ich glaub, du bist besoffen,
Du dummer Gockel du!
Ich scher mich nicht, kehr mich nicht dran,
Ich hab bald einen andern Mann,
Ich kriege, ich kriege
Bald einen andern Mann!«

5. »O krieg mir nicht die Kränke,
Sonst habe ich gleich den Frost;
Ich lieb dich immer klar und rein
Du sollst mein liebes Schätzchen sein,
Sollst immer, sollst immer
Mein liebes Schätzchen sein!«

6. »Was hören meine Ohren?
Nicht wahr, du liebst mich noch?
Schlag ein, schlag ein, schlag ein aufs neu:
Wir bleiben, bleiben uns getreu,
Wir bleiben, wir bleiben,
Wir bleiben uns getreu!«

Ich nehme mir einen andern

2. Ei, soll er mir nicht werden,
Ich seh ihn doch so gern;
Er hat zwei schwarzbraun Äugelein,
Sie glänzen wie zwei Stern.

3. Einst saß ich in meinem Schlafkämmerlein,
Ich dacht, ich wär allein,
Da trat der Herzallerliebste mein
Zu mir ins Kämmerlein.

4. »Gott grüße dich, schöns Schätzelein,
Was hör ich denn von dir?
Du sagst, du wollst mich nehmen –
Und scheidest nun so weit von hier?«

5. »Daß ich so weit muß scheiden,
Das machen deine Leut:
Sie wollen dir einen andern frein,
Der hätte viel Silber und Gold.«

6. Was frag ich nach dem Reichtum,
Was frag ich nach dem Geld?
Ich nehme mir einen andern.
Der meinem Herzen gefällt. –

Der Erzherzog-Johann-Jodler, eigentlich ein Jägerlied, wurde gerne von Köchinnen und Hausmädchen gesungen, denn es rief eine allgemein bekannte Aschenputtel-Geschichte in Erinnerung, die sich wahrhaftig zugetragen hat. Die Posthalterstochter Anna Plochl aus Bad Aussee lernte den Enkel der Kaiserin Maria Theresia, Erzherzog Johann, kennen und lieben. Doch diese Verbindung endete nicht mit Tränen und Trennung wie so oft, wenn ein einfaches Mädchen sich in einen hochgestellten Herrn verliebte. Der Fürst heiratete – gegen den erbitterten Widerstand seiner erlauchten Verwandtschaft – die Tochter des Posthalters und wurde glücklich mit ihr. Hochzeit war im Jahre 1827.

Der Erzherzog-Johann-Jodler

2. Wer die Gegend kennt, wo man's Eisen brennt,
Wo die Gams daher rauscht unt' im Tal,
Und vor lauter Lust schlägt von da die Brust,
Wie so lusti alles überall.

3. Ja, es ist a Freud', meine liebe Leut',
Wenn da Bua schö juchzet weit und breit;
Wenn da Hirsch aufspringt, und wenn die Senn'rin singt,
daß es schallen tut schön in da Weit'.

4. Ja, i sich mi scho' ganz verzückt und froh
Mit mein'n Herzog auf der Alma gehn;
Mit an frischem Mut in mei'm Steirahut
offen stolz am Kogel obmat stehn.

5. Auf da Felsenwand, in am Steirag'wand,
Wenn i da mei lieba Herzog sich,
Wenn sei Büchserl knallt und da Gamsbock fallt,
war's a Wunda, wenn i's Heimweh krieg'?

Erzherzog Johann war ein großer Feinschmecker, der seinen Leibkoch mit auf die Jagd nahm. In den Jagdhütten des Dachsteingebietes wurde dann so manches Reh gebraten, das der Erzherzog selbst geschossen hatte. Natürlich gab's noch Vorspeise und Nachtisch, vor allem aber einen Salat, angerichtet mit steirischem Kernöl. Und so könnte ein Menü in der fürstlichen Jagdhütte ausgesehen haben.

Rehrücken à la Erzherzog

Feldsalat mit Kürbiskernöl und Schafskäse · Rehrücken in der Walnußkruste mit Reiberdatschi · Mandelschmarrn

Feldsalat mit Kürbiskernöl und Schafskäse

DRESSING

1 Eßl. Dijonsenf · Sherry-Essig · Salz · Pfeffer
Zucker · 0,2 l Kürbiskernöl · Weißwein
fein gehackte Schalotten

Feldsalat · eingelegter Schafskäse
Oliven (nach Geschmack) · getrocknete
Kürbiskerne und Radieschen

1. Dijonsenf mit Salz, Pfeffer und einer Prise Zucker in eine Schüssel geben.
2. Zuerst den Sherry-Essig und dann unter ständigem Rühren langsam das Kürbiskernöl zugeben.
3. Zum Schluß die cremige Masse mit Weißwein verdünnen und Schalotten hineingeben.
4. Den Feldsalat mit dem eingelegten Schafskäse, den Oliven und dem Dressing vermischen.
5. Auf einem Teller anrichten, mit getrockneten Kürbiskernen und Radieschen garnieren.

Rehrücken in der Walnußkruste mit Reiberdatschi

1 Rehrücken am Knochen · 300 g Wurzelgemüse
für die Soße · 60 g Preiselbeeren · 1 Eßl. Tomatenmark · 1 Knoblauchzehe · 1 Thymianzweig
1 Lorbeerblatt · 5 Wacholderbeeren · 1 Nelke
1/4 l Rotwein · 1 l Fleischbrühe oder
Wildfond · 1/4 l roter Portwein

WALNUSSKRUSTE

80 g Walnüsse · 60 g getrocknetes Toastbrot
80g Butter · frisch gehackte Petersilie

REIBERDATSCHI

600 g Kartoffeln · 7 Eigelb

Salz · Muskat

1. Rehrücken auslösen und von sämtlichen Sehnen befreien.
2. Knochen kleinhacken und mit den Sehnen in Butterschmalz im Bräter anbraten.
3. Das Wurzelgemüse zugeben und mitrösten, bis es eine braune Farbe hat.
4. Tomatenmark zugeben und noch etwas weiterrösten.
5. Mit Rotwein ablöschen und einkochen lassen, bis der Rotwein ganz verdampft ist und sich eine kleine Schicht am Boden gebildet hat.
6. Mit der Fleischbrühe aufgießen, Gewürze, Knoblauchzehe und Preiselbeeren zugeben und ca. 4 Std. köcheln lassen.
7. Das Toastbrot von der Rinde befreien und fein gerieben in eine Schüssel geben.
8. Die Walnüsse feinhacken und mit der Butter, dem Toastbrot und der Petersilie verkneten. Mit einer Prise Salz und frisch gemahlenem schwarzen Pfeffer abschmecken.
9. Die Kartoffeln schälen und fein in eine Schüssel reiben, salzen, leicht durchmischen und ausdrücken. Das Eigelb zugeben, alles durchmischen und mit Salz und frisch geriebener Muskatnuß abschmecken.
10. Die Kartoffelmasse zu kleinen Küchlein formen, in eine Pfanne mit Butterschmalz geben und ausbacken.
11. Die Rehsoße durch ein Sieb gießen und mit dem Portwein auf ca. 0,2 l reduzieren. Falls die Soße zu dünn ist, mit etwas angerührter Speisestärke leicht abbinden.
12. Rehrücken salzen und pfeffern (schwarz) und in Butter ca. 4–5 min auf jeder Seite anbraten. Das Fleisch aus der Pfanne nehmen und in einem ca. 80° C heißen Ofen 20 min zum Ziehen warm stellen.
13. Den Rehrücken mit der Walnußpaste bestreichen und unter dem Salamander gratinieren.
14. Den Rehrücken in schöne Tranchen aufschneiden und mit dem Reiberdatschi anrichten.

Mandelschmarrn

60 g Mehl · 0,2 l Milch · 4 cl Amarettolikör

60 g Mandeln · 4 Eßl. Zucker · 7 Eier

50 g Butter · 40 g Rosinen · frisches Obst zur Garnitur

1. Mehl, Amaretto und Milch mit dem Schneebesen glattrühren.
2. Eier trennen, Eiweiß langsam anschlagen, wenn es etwas steif ist, 1 Eßl. Zucker zugeben, fertig schlagen.
3. Eigelb und Eiweiß unter die Milch-Mehl-Masse heben.
4. Die Masse auf zwei Pfannen mit Butter verteilen, mit Mandeln und Rosinen bestreuen und ca. 10 min im Ofen backen.
5. Den fertig gebackenen Schmarrn mit der Gabel zerkleinern, Butter zugeben, mit Zucker bestreuen und auf dem Feuer leicht karamelisieren.
6. Den Schmarrn anrichten, mit frischen Früchten garnieren, mit Puderzucker bestreuen und warm servieren.

Jetzt lebe ich recht wohlgemut

2. O Baron, du Herzensdieb,
Wenn dich einer recht beschrieb!
Meine Feder ist viel zu schlecht,
Ich kann dich nicht beschreiben recht.

3. O Baron, du falscher Wicht!
Alles ist falsch, was du versprichst.
Alles ist falsch, was du verheißt,
Und der ist blind, der das nicht weiß.

4. Ich hatt so fest auf dich vertraut,
Ich hätt ein' Kirch auf dich gebaut;
Aber ich bin es nicht allein,
Die falsch von dir betrogen sein.

5. Jetzt lebe ich recht wohlgemut,
Besser als du bei allem Gut.
Jetzt schlaf ich in guter Ruh;
Gute Nacht, die Türe zu!

Wie die Frau von Weißenburg ihren Herrn verriet

Das zweite Kapitel der Küchenlieder
worin die Rede ist von Räubereien und Mordtaten, die sich mitunter sogar in den feinen Schlössern der Fürsten zugetragen haben

Die folgende Mordgeschichte hat sich wirklich zugetragen, und zwar im Jahre 1065: Markgraf Ludwig der Springer ermordete den Pfalzgrafen Friedrich von Sachsen, um dessen Gemahlin Adelheid, Schloßherrin auf Weißenburg, heiraten zu können. Mörder und Mittäterin zeugten nach vollbrachter Tat in glücklicher Ehe fünf Kinder.

Die Volkslieder allerdings schilderten nur die Mordgeschichte, Eheglück und Kindersegen gönnten sie den Übeltätern nicht. Böse Taten durften sich nicht lohnen. Deshalb verfälschten sie am Schluß der Ballade die historische Wahrheit.

Interessant ist, wie die Überlieferung über Jahrhunderte hinweg die Namen der Beteiligten durcheinander gebracht hat: Friedrich – hier als Mörder genannt – war der Ermordete. Und der Mörder hieß Ludwig.

Wie die Frau von Weißenburg ihren Herrn verriet

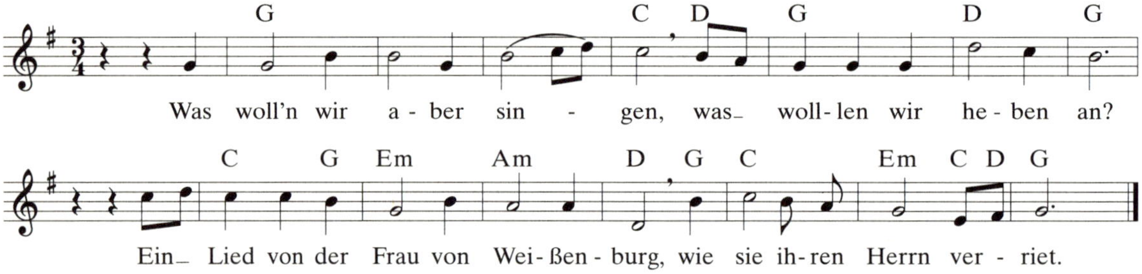

2. Sie tät ein Brieflein schreiben
So fern in fremde Land
Zu ihrem Buhlen Friedrich,
Auf daß er käm zuhand.

3. Do ihm die Botschaft kame,
Den Brief er überlas,
Do wurden ihm seine Wangen
Von heißen Zähren naß.

4. Er sprach zu seinem Knecht:
»Nun sattel uns die Pferd!
Zu der Weißenburg wöllen wir reiten,
Dahin hab ich gut Recht.«

5. Do sie zu der Weißenburg kamen
Unter das hohe Haus,
Do stund die edle Fraue,
Sach zu ei'm Fenster aus.

6. »Ich grüß euch, edle Fraue!
Wünsch euch ein guten Tag:
Wo ist eur edler Herre,
Dem ich zu dienen pflag?«

7. »Ihr sollet mich nicht fragen,
Doch will ich's euch wohl sagen:
Er ist gestern so späte
Mit seinen Hunden aus jagen.«

8. Er sprach zu seinem Knecht:
»Sattel uns bald die Pferd!
Zu der Grünbach will ich reiten,
Ist mir wohl Reitens wert.«

9. Do sie zu der Grünbach kamen
Unter ein Linden grün,
Do hielt der edle Herre
Mit seinen Hunden kühn.

10. »Gott grüß euch, edler Herre,
Geb euch ein guten Tag,
Ihr sollt nit länger leben
Denn diesen halben Tag!«

11. »Soll ich nit länger leben
Denn diesen halben Tag.
So klag ichs Gott von Himmel,
Der alle Ding vermag.«

12. Er sprach zu seinem Knechte:
»Spann auf dein Armbrust schnell.
Und scheuß den edlen Herren
Durch seinen Hals und Kehl!«

13. »Warum soll ich ihn schießen?
Hat er mir nichts getan;
Das muß er heut genießen,
Der gut fromm Edelmann.«

14. Ihr Buhl gedacht im Herzen:
»Weh mir hier und auch dort!
Es bringt mir Leid und Schmerzen,
Würd ich stiften das Mord.«

15. Do tät ihn überwinden
Der Frauen Lieb so groß,
Daß er mit seinen Händen
Unschuldig Blut vergoß.

16. Er zog aus seiner Scheiden
Ein Messer von Gold so rot
Und stach den edlen Herren
Unter den Linden zu Tod.

17. Er sprach zu einem Knechte:
»Nun sattel uns die Pferd!
Zu der Weißenburg wöllen wir reiten,
Dahin haben wir gut Recht.«

18. »Wöllt ihr zu der Weißenburg reiten
Und habt dahin gut Recht,
So bitt euch, edler Herre,
Dingt euch ein andres Knecht.«

19. Do er zu der Weißenburg kame,
Unter das hohe Haus,
Do stund die falsche Fraue,
Sach zu einem Laden aus.

20. »Ich grüß euch, falsche Fraue,
Wünsch euch ein guten Tag!
Euer Will, der ist ergangen,
Euer edler Herr ist tot!«

21. »Ist nun mein Will ergangen,
Mein edler Herr ist tot:
Bitt ich euch Buhlen Friedrich,
Zeigt mir das Botenbrot.«

22. Er zog aus seiner Schneiden
Ein Messer von Blut so rot:
»Nun schauet, falsche Fraue,
Dies ist das Botenbrot!«

23. Was zog sie von der Hände?
Von Gold ein Fingerlein:
»Dies tragest, Buhle Friedrich,
Wohl durch den Willen mein!«

24. Er nahm dasselbige Fingerlein
In sein schneeweiße Hand;
Er warf es an die Mauren,
Daß es in Graben sprang.

25. »Was soll mir, Frau, eur Fingerlein?
Ich mag sein doch nit trag;
Wann ich es an tät schauen,
So hätt mein Herz groß Klag.«

26. Sie wand ihr schneeweiß Hände,
Rauft aus ihr gelbkraus Haar:
Do lag ihr edler Herre
Zu der Grünbach auf der Bahr.

Ach Not, hier liegen zwei Königskinder tot

2. Und als ein Jahr verflossen war,
Da wollt er bei ihr schlafen.

3. »Ach nein, ach nein, lieber Schreiber mein,
Mein Herz hat mir's verboten!«

4. Der Schreiber ward voller Zorn und Grimm
Und sattelt geschwind sein Pferdchen.

5. Er reitet den Wald wohl durch und durch,
Bis er den Herrn alleine fand.

6. »Guten Tag, guten Tag, lieber Schreiber mein!
Was macht meine Herzallerliebste?«

7. »Sie gebrauchen nicht nach ihr zu fragen,
Ihre Ehr' hat sie verloren.«

8. Der Herr ward voller Zorn und Grimm
Und schickte geschwind zu ihr Boten hin.

9. »Willkomm'n, willkomm'n, liebe Boten mein!
Was macht mein Herzallerliebster?«

10. »Sie gebrauchen nicht nach ihm zu frag'n,
Wir sollen Sie umbringen!«

11. Sie sprang geschwind in ihr Schlafkämmerlein,
Und schrieb ein kleines Briefchen.

12. Als die den Brief verfertigt hat,
Da war der Herr schon selber da.

13. Er gab ihr gleich auch einen Stoß,
Daß ihr das Blut aus der Nase floß.

14. Und gab ihr gleich noch einen Schlag,
Daß sie für tot auf der Erde lag.

15. Er zog seinen Degen wohl rosenrot
Und stach sich selbst alleine tot.

16. Ach Not, ach Not, ach große Not,
Hier liegen zwei Königskinder tot!

Eine wahre Geschichte, dramatisch und schrecklich, populär über Jahrhunderte hinweg – bis in unsere Tage hinein:
Herzog Albrecht von Bayern-München nahm die schöne Baderstochter Agnes Bernauer, ein Mädchen aus einfachsten Verhältnissen, zur Gemahlin und führte sie als Herzogin auf sein Schloß nahe von Straubing. Aschenputtel-Motiv im klassischen Sinne – so schien es.
Doch Albrechts Vater, Herzog Ernst, war gegen die standeswidrige Ehe, die, wie er meinte, Schmach über sein Fürstenhaus bringen würde. Als Albrecht im Oktober 1435 zur Jagd weilte, ließ Herzog Ernst seine schöne Schwiegertochter flugs als Hexe verklagen, verurteilen und in der Donau ertränken.
Der im Lied besungene Tod des Vaters entspricht nicht der historischen Wahrheit. Tatsächlich kam es wegen der Bernauer-Tragödie zwischen Vater und Sohn zu einem Krieg, der auf Befehl von Kaiser Sigismund beendet werden mußte. Und Albrecht heiratete auf Geheiß seines Vaters die reiche und häßliche – vor allem aber standesgemäße – Anna von Braunschweig.
Die Ballade war Jahrhunderte hindurch ein Dauerbrenner auf Jahrmärkten und in den Küchen. Zahlreiche Dichter und Komponisten fühlten sich vom Bernauer-Motiv angeregt, so Friedrich Hebbel zu einem Schauspiel (1855) und Carl Orff zu einer Oper (1947).

Die Agnes-Bernauer-Ballade

2. »Bist du dann darinnen, so reite heraus!
Der Herzog ist draußen vor ihrem Haus,
Mit allem seinem Hofgesinde, ja
Hofgesinde.«

3. Sobald die Bernauerin die Stimme
vernahm,
Ein schneeweißes Hemd zog sie gar bald an,
Wohl vor den Herzog zu treten, ja treten.

4. Sobald die Bernauerin vors Tor hinauskam,
Drei Herren gleich die Bernauerin vernahm'n:
»Bernauerin, was willst du machen, ja machen?

5. Ei willst du lassen den Herzog entweg'n,
Oder willst du lassen dein jung' frisches Leb'n,
Ertrinken im Donauwasser, ja Wasser!«

6. »Und eh ich will lassen mein'n Herzog entweg'n,
So will ich lassen mein jung' frisches Leben,
Ertrinken im Donauwasser, ja Wasser!

7. Der Herzog ist mein, und ich bin sein,
Der Herzog ist mein, und ich bin sein:
Sind wir gar treu versprochen, ja versprochen.«

8. Bernauerin wohl auf dem Wasser schwamm,
Maria Mutter Gottes hat sie gerufet an,
Sollt ihr aus dieser Not helfen, ja helfen.

9. »Hilf mir, Maria, aus dem Wasser heraus,
Mein Herz läßt dir bauen ein neues Gotteshaus,
Von Marmorstein ein Altar, ja Altar!«

10. Sobald sie dieses hat gesprochen aus,
Maria Mutter Gottes hat geholfen aus
Und von dem Tod sie errettet, ja errettet.

11. Sobald die Bernauerin auf die Brucken kam,
Drei Henkersknecht' zur Bernauerin kam'n:
»Bernauerin, was willst machen, ja machen?

12. Ei, willst du werden ein Henkersweib,
Oder willst du lassen dein' jung' stolzen Leib,
Ertrinken im Donauwasser, ja Wasser!«

13. »Und eh ich will werden ein Henkersweib,
So will ich lassen mein' jung' stolzen Leib,
Ertrinken im Donauwasser, ja Wasser!«

14. Es stunde kaum an den dritten Tag,
Dem Herzog kam eine traurige Klag':
Bernauerin ist ertrunken, ja ertrunken.

15. »Auf, rufet mir alle Fischer daher,
Sie sollen fischen bis in das Rote Meer,
Daß sie mein feines Lieb suchen, ja suchen!«

16. Es kamen gleich alle Fischer daher,
Sie haben gefischt bis in das Rote Meer,
Bernauerin haben sie gefunden, ja gefunden.

17. Sie legen's dem Herzog wohl auf den Schoß,
Der Herzog wohl viel tausend Tränen vergoß,
Er tät gar herzlich weinen, ja weinen.

18. »So rufet mir her fünftausend Mann!
Einen neuen Krieg will ich fangen an
Mit meinem Herrn Vater eben, ja eben.

19. Und wär' mein Herr Vater mir nicht
so lieb,
So ließ ich ihn aufhenken als wie einen Dieb;
Wär's aber mir eine große Schande, ja
Schande.«

20. Es stunde kaum an den dritten Tag,
Dem Herzog kam eine traurige Klag':
Sein Herr Vater ist gestorben, ja gestorben.

21. »Die mir helfen meinen Herrn Vater
begrab'n,
Rote Mänteln müssen sie hab'n,
Rot müssen sie sich tragen, ja tragen.

22. Und die mir helfen mein feines Lieb
begrab'n,
Schwarze Mänteln müssen sie hab'n,
Schwarz müssen sie sich tragen, ja tragen.

23. So wollen wir stiften ein' ewige Meß
Daß man der Bernauerin nicht vergeß,
Man wölle für sie beten, ja beten!«

Ein halb Glas Gift im roten Wein

2. Die Reiche gab ihm einen Rat,
Er sollt die Arme umbringen:
»Kauf ihr ein Glas mit rotem Wein
Und tu ein halb Glas Gift hinein
Und gib's der Armen zu trinken!«

3. Und als er zu seinem Schätzchen kam,
Da war die Tür verschlossen.
»Mach auf, mach auf, schön Schätzelein,
Ich bring dir ein Glas mit rotem Wein,
Wir wollen Gesundheit trinken!«

4. Und als sie's halb ausgetrunken hatt'
Da wollt ihr Herz zerspringen:
»Komm heraus, komm heraus, schön Schätzelein,
Im Wald da wächst ein Kräutelein,
Soll dir Gesundheit bringen.«

5. Und als sie in den Wald 'nein kam,
Da macht er ein Gräbchen,
Das Gräbelein war viel zu klein,
Er trat sie mit den Füßen hinein,
Ein Jäger sah's von ferne.

6. »Ach Gott, ach Gott, was hab ich getan!
Ein Jäger hat's von fern gesehn,
Das Ding bleibt nicht verschwiegen.
Verflucht sei alles Geld und Gut,
Das in der Welt regieren tut.«

Die Ballade vom unschuldig verurteilten Knaben tauchte zu Beginn des siebzehnten Jahrhunderts auf und entwickelte sich zu einem der beliebtesten Volkslieder überhaupt.

Die Melodie erwies sich als so einprägsam, daß zahlreiche andere Balladen und Moritaten dazu gedichtet wurden. Im Verlauf des Buches werden wir noch mehrmals auf Texte stoßen, die bis in unsere Tage hinein zu dieser Melodie gesungen werden.

Es liegt ein Schloß in Österreich

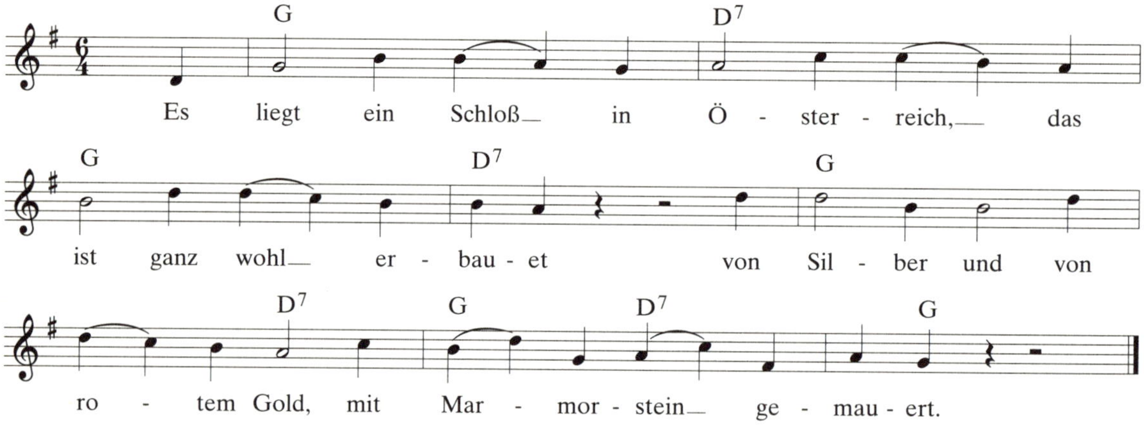

2. Darinnen lag ein junger Knab'
Auf seinen Hals gefangen
Wohl vierzig Klaftern unter der Erd'
Bei Ottern und bei Schlangen.

3. Sein Vater kam von Rosenberg
Wohl vor den Turm gegangen.
»Ach Sohn, herzallerliebster Sohn,
Wie hart liegst du gefangen!«

4. »Ach Vater, liebster Vater mein,
So hart lieg ich gefangen
Wohl vierzig Klaftern unter der Erd'
Bei Ottern und bei Schlangen.«

5. Der Vater vor die Herren ging,
Bat um des Sohnes Leben:
»Dreihundert Taler geb ich euch,
Schenkt meinem Sohn das Leben!«

6. »Dreihundert Taler helfen nicht,
Ob Ihr sie schon wollt' geben;
Euer Sohn trägt eine güldne Kett',
Die bringt ihn um sein Leben.«

7. »Und trägt er eine güldne Kett',
Ist sie doch nicht gestohlen,
Ein Jungfräulein hat's ihm verehrt
Und teuer anbefohlen.«

8. Man brachte den Knaben aus dem Turm,
Gab ihm die Sakramente.
»Hilf, reicher Christ, vom Himmel hoch!
Es geht mit mir zu Ende.«

9. Man brachte den Knaben vors Gericht
In gar geschwinder Eile:
»Ach Meister, lieber Meister mein,
Laßt mir eine kleine Weile!«

10. »Eine kleine Weile laß ich dir nicht,
Du möchtest mir entrinnen.
Reicht mir ein seiden Tüchlein her,
Daß ich ihm die Augen verbinde.«

11. »Verbindet mir die Augen nicht,
Ich muß die Welt noch schauen;
Ich sehe sie heut und nimmermehr
Mit meinen traurigen Augen.«

12. Sein Vater beim Gerichte stund,
Sein Herze wollt' ihm brechen:
»Ach Sohn, herzallerliebster Sohn,
den Tod will ich schon rächen.«

13. »Ach Vater, liebster Vater mein,
Sagt nicht, Ihr wollt es rächen,
Auf daß sie nicht noch über mich
Ein härter' Urteil sprechen.

14. Mich dauert ja mein Leben nicht
Und auch nicht meine Ehre.
Meine Mutter dauert mich daheim,
Die wird weinen also sehre.«

15. Es stund kaum an den dritten Tag,
Die Engel Gottes winken:
So grabt dem Knaben doch ein Grab,
Sonst muß die Stadt versinken.

16. Es stund kaum an ein halbes Jahr,
So war die Tat gerochen:
Es wurden wohl dreihundert Mann
Um's Knaben willen erstochen.

17. Wer hat uns denn dies Lied gemacht
Und auch gesungen zugleiche?
Drei schöne Jungfräulein zu Wien,
Einer Stadt in Österreiche.

Da fing sie nun zu weinen an

2. Er nahm sie bei der rechten Hand
Und führt sie ins Gesträuche,
Und sprach: »Herzallerliebste mein,
Hier find'st du große Freude!«

3. »Was werd ich denn in diesem Wald
Für eine Freude finden?
Es scheint, als wär's mein Todesgrab,
Als wollt'st du mich begraben.«

4. Da fing sie nun zu weinen an
Und schlug die Händ' zusammen:
»Ach wär ich doch in diesem Wald
Niemals spazieren gangen!«

5. »Hier hilft kein Bitten und kein Fleh'n,
Begraben mußt du werden,
Auf daß die Schand nicht größer wird
Und alles bleibt verschwiegen.«

6. Sie rief: »Herr Jesu, steh mir bei!«
Das war'n die letzten Worte.
Er stach ihr 's Messer durch die Brust,
Sie starb an jenem Orte.

7. Und als sie nun verschieden war,
Konnt er sie nicht begraben;
Vor lauter Angst und lauter Qual
Sein Herz fing an zu zagen.

8. Er rief: »Herr Jesu, steh mir bei!«
Das war'n die letzten Worte,
Stach sich das Messer durch die Brust
Und starb an jenem Orte.

Es ritt ein Räuber wohl über den Rhein

DAS DRITTE KAPITEL DER KÜCHENLIEDER

worin erzählt wird, wie Unschuldige in höchste Not gerieten und teils durch eigene Klugheit, teils durch die Gunst des Schicksals im letzten Augenblick gerettet wurden

Es ritt ein Räuber wohl über den Rhein

2. Ein Mädchen auf das Fenster sprang
Und hörte den wunderschönen Gesang.
»Ach könnt ich so wunderschön singen
Ein Liedchen von dreierlei Stimmen!«

3. Er griff sie bei dem roten Rock
Und schwang sie auf sein hohes Roß.
Drauf ging's so geschwind und so balde
Durch einen stockfinsteren Walde.

4. Da kamen zwei Turteltäubchen her,
Die setzten sich auf ein'n Haselstrauch.
Die konnten so wunderschön singen:
»Ach Mädchen, laß dich nicht verführen!«

5. »Ach Räuber, du lieber Räubersmann,
Laß mich noch dreimal schreien!
»Ja dreimal schreien, recht gerne,
Doch nicht so weit in die Ferne.«

6. Den ersten Schrei und den sie tat,
Den tat sie an ihren Vater:
»Ach Vater, ach komme ja balde,
Sonst muß ich ja sterben im Walde!«

7. Den zweiten Schrei und den sie tat,
den tat sie an ihre Mutter:
»Ach Mutter, ach komme ja balde,
Sonst muß ich ja sterben im Walde!«

8. Den dritten Schrei und den sie tat,
Den tat sie an ihren Bruder:
»Ach Bruder, ach komme ja balde,
Sonst muß ich ja sterben im Walde!«

9. Ihr Bruder war ein Jägersmann,
Der schoß den Räuber wohl durch die Brust.
Das ging so geschwind und so balde
In diesem stockfinsteren Walde.

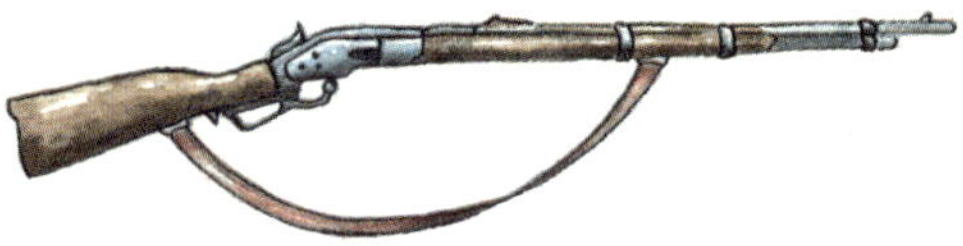

Der Herr, der seinen Sohn verspielt

2. Und wie er nun nach Hause kam,
Sein einziger Sohn ihm entgegen kam.

3. »Ach Vater, lieber Vater mein,
Was bringt Ihr mit vom kühlen Wein?«

4. »Ich bring' dir mit ein neues Roß
Darauf du noch nie geritten hast.

5. Reit hin, reit hin zur Nätherin
Und laß dir machen ein Hemdelein!

6. Und laß dir's machen wohl in die Weite,
Daß du darinnen kannst schreiten;

7. Und laß dir's machen wohl in die Länge,
Daß du darinnen kannst hängen.«

8. Und als der Sohn nach Hause kam,
Der ganze Hof voll Reiter war.

9. Es mocht ihn keiner greifen an,
Sein falscher Vater griff ihn selber an.

10. Es mocht ihn keiner führen hinaus,
Sein falscher Vater führt in selber hinaus.

11. Wie weit schritt ihm die Mutter nach?
Sie schritt bis hinter die Pforte nach.

12. Wie weit schritt ihm die Schwester nach?
Sie schritt bis hinter das Galgengericht.

13. »Ach Herren, edle Herren mein,
Gebt mir mein einziges Brüderlein!«

14. »Und deinen Bruder, den kriegst du nicht,
Er muß jetzt hangen am Galgengericht;

15. Und wenn du dich ziehst nackend aus
Und dreimal um den Galgen laufst.«

16. Und wie das letzte Wort geschah,
Die Kleider schon alle unten war'n.

17. Und wie sie's erstemal 'rum kam,
Da fingen alle Frauen zu weinen an.

18. Und wie sie's zweitemal 'rum kam,
Da fingen alle Herren zu weinen an.

19. Und wie sie's letztemal 'rum kam,
Da hießen sie sie stille stahn:

20. »Schließt ab, schließt ab das Kettenband,
Und laßt den Knaben wieder in das Land.«

21. Da kam ein grober Edelmann,
Der wollte meine Schwester han.

22. »Meine Schwester, die kriegst du nicht,
Sie hat mich erlöset vom Galgengericht.«

Dieses Volkslied war ursprünglich eine Arie aus der Operette »Lukas und Hannchen«, komponiert von I. Fr. Gottlob Beckmann.
Nach den ersten Aufführungen Ende des achtzehnten Jahrhunderts geriet die Operette schnell in Vergessenheit. Die Arie allerdings hat überlebt und wurde populär. Denn sie schildert eine damals durchaus übliche und bedrohliche Situation: Daß ein Mädchen den Nachstellungen eines hochgeborenen Herrn ziemlich schutzlos ausgeliefert war. Dem Volk gefiel natürlich, daß ein einfaches Mädchen den »Herrn des Dorfes« ausgetrickst hat, und so wurde das Lied gerne gesungen, vor allem dort, wo Mädchen zusammenkamen: In Küchen und Spinnstuben.

Das junge Mädchen und der Herr des Dorfes

2. Er stieg herab vom Pferde.
Und eilend naht er sich:
»Mein schönes Kind umarme mich!«
»Ach«, spricht sie voller Schrecken,
»Ach gerne, gnädger Herr!«
Merk auch, was sprach nun er?

3. »Erschrick nicht, liebes Mägdchen,
Recht glücklich mach ich dich;
Gib mir dein Herz, und liebe mich.
Nimm diesen Ring zum Pfande,
Die Uhr von Gold dazu,
Nun Kind, was denkest du?«

4.»Mein Bruder ist im Garten,
Und sieht er mich und euch,
So sagt er's meinem Vater gleich.
Steigt nur auf diesen Felsen;
Wie ist's, seht ihr ihn nun?«
Merkt auf, was sie wird tun.

5. Er steht, gafft hin und wieder
Da sitzt das Mägdchen schon
Auf seinem Pferd und eilt davon.
»Leb wohl, mein Herr vom Dorfe!« –
Sie fliegt durch Feld und Rain:
Mein Herr bleibt ganz allein.

6. So führt man, merkt's ihr Leute,
Die schlimmsten Männer an;
Wenn man nur will, ist's leicht getan:
Doch wird man solche Mägdchen,
Die gnäd'ge Herrn verschmähn,
Nicht eben täglich sehn.

In Spinnstuben trafen sich Frauen und Mädchen zur Gemeinschaftsarbeit und Unterhaltung. Es wurde gesponnen, gestrickt, geflickt und genäht, erzählt, gesungen und gegessen, an besonderen Tagen auch getanzt und gespielt. Zum Essen war wenig Zeit, deshalb gab's Schmankerl, die schnell mit einer Hand in den Mund gesteckt werden konnten, mitunter auch Suppen, meist in großen Töpfen, aus denen alle gemeinsam löffelten. Diese Spinnstuben-Appetithappen bewähren sich also dann, wenn – wie gerade in unserer Zeit üblich – schnelle und schmackhafte Kost verlangt wird. Hier einige Anregungen.

Spinnstuben-Schmankerl

Vollkornbaguette und Kräuterbutter · Gemüseeintopf · Apfelkuchen

Vollkornbaguette und Kräuterbutter

500 g Mehl Typ 550 · 70 g Roggenmehl · 20 g Hefe
0,1 l Milch · 0,2 l Wasser · 12 g Salz · 0,1 l dunkles
Weißbier · 1 cl Essig · 20 g Haferflocken
40 g Vollkornschrot

KRÄUTERBUTTER

100 g Sauerrahmbutter · 2 Knoblauchzehen
1/2 Zitrone · 4 Eßl. gehackte Kräuter
(Petersilie, Schnittlauch, Basilikum) · Salz
Tabasco · Worcestersauce · 2 Eßl. Olivenöl

1. Das Mehl in eine Schüssel sieben.
2. Das Wasser und die Milch erwärmen (ca. 35° C) und die Hefe darin auflösen.
3. Das Salz, den Essig, die Haferflocken und den Vollkornschrot zum Mehl geben.
4. Das dunkle Weißbier zugeben.
5. Die lauwarme Hefe-Wasser-Milchmischung zugeben und alles ca. 10 min verkneten.
6. Den Teig bei ca. 35–40° C abgedeckt ca. 30 min gehen lassen.
7. Den Teig zusammenschlagen und in vier gleich schwere Fladen zerteilen.
8. Die Fladen abdecken und 20 min bei 35–40° C gehen lassen.
9. Die einzelnen Fladen kneten, lange Stangen (Baguettes) formen und auf ein gefettetes Backblech legen.
10. Die Baguettes abdecken und nochmals 15 min gehen lassen.
11. Die Baguettes mit Wasser bestreichen, mit Haferflocken bestreuen und bei 300° C ca. 20–25 min backen.
12. Die Butter schaumig rühren.
13. Den Knoblauch fein schneiden, die Kräuter feinhacken und in die Butter geben.
14. Die Butter mit dem Saft einer halben Zitrone, Salz, Tabasco, Worcestersauce und Olivenöl abschmecken.
15. Die Kräuterbutter in kleine Töpfchen abfüllen und mit den Vollkornbaguettes servieren.

Gemüseeintopf

150 g Karotten · 100 g Sellerie · 150 g junger Lauch
100 g Schnittbohnen · 50 g Wirsing · 1 Zwiebel
1 Knoblauchzehe · 100 g Egerlinge · 50 g Butter
Weißwein · 0,2 l Tomatensaft od. Soße
1,5 l kräftige Rinderbrühe · gutes natives Olivenöl
Meersalz · 1 Lorbeerblatt · Tabasco · frisch gehackte Petersilie · geschnittenes Basilikum · 700 g Rinderfilet (Mittelstück) · Weißbrotcroutons · 6 Scheiben Toastbrot · geriebener Bergkäse · Olivenöl

1. Das Gemüse waschen, putzen und in Rauten schneiden.
2. Die Butter in den Topf geben und die Karotten und die fein gehackte Knoblauchzehe andünsten. Die feingehackten Zwiebeln zugeben, kurz dünsten und dann mit einem Schuß Weißwein ablöschen.
3. Das restliche Gemüse bis auf den Lauch in den Topf geben, mit einem 3/4 l Rinderbrühe und dem Tomatensaft auffüllen. Mit etwas Meersalz und einem Lorbeerblatt würzen.
4. Den Eintopf ca. 15 min köcheln lassen, dann den Lauch und die Egerlinge zugeben und weitere 5 min köcheln lassen.
5. Das Rinderfilet sorgfältig von Sehnen und Fett befreien, die restliche Brühe aufkochen, Rinderfilet hineinlegen und ca. 20 min bei geringer Hitze ziehen lassen.
6. Das Weißbrot von der Rinde befreien und in mittelgroße Rauten schneiden.
Die Weißbrotrauten mit Olivenöl bestreichen und mit Bergkäse überbacken.
7. Den Gemüseeintopf mit Salz und Tabasco abschmecken und mit etwas Olivenöl, frisch gehackter Petersilie und geschnittenem Basilikum verfeinern.
8. Den Gemüseeintopf auf die Teller verteilen. Das Rinderfilet in Scheiben schneiden und auf dem Gemüse anrichten. Mit den Croutons garnieren.

Apfelkuchen

300 g Mehl · 175 g Butter · 120 g Puderzucker
1 Ei · 1/2 geriebene Zitronenschale
5–6 Äpfel · 1/4 l Sahne · 2 Eier · 200 g Zucker
1/2 abgeriebene Zitronenschale · Prise Salz

1. Butter weich werden lassen, Puderzucker zugeben und glattrühren.
2. Das Ei und die Zitronenschale zugeben und verrühren, dann das Mehl zugeben und langsam in die Masse einarbeiten.
3. Den Teig 2 min kneten und kühl stellen.
4. Die Sahne, Eier, Zucker, Zitronenschale und eine Prise Salz verquirlen.
5. Äpfel schälen, vierteln und entkernen.
6. Die entkernten Viertel auf der Schalenseite mit dem Messer der Länge nach fächerartig einschneiden (damit die Äpfel beim Backen gar werden).
7. Teig ca. 3–4 mm dick ausrollen und die ausgebutterte Form damit auslegen.
8. Die Äpfel mit der eingeschnittenen Seite nach oben in die Form legen. Mit der Sahne-Ei-Masse übergießen und im vorgeheizten Ofen bei 150° C ca. 50–60 min backen.

Die vom Galgen gerettete Magd

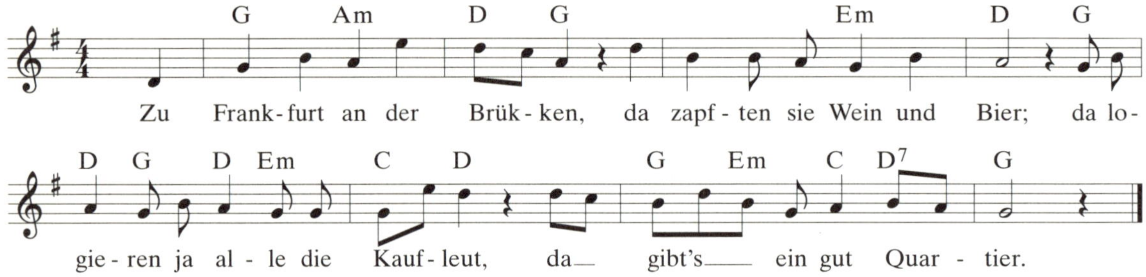

2. Der eine freit an der Tochter,
Der andre an der Magd,
Die Tochter, die kam nieder,
Ein Kindlein sie gebar.

3. Und als drei Tage um waren,
Drei Tage und drei Stund,
Nahm sie das Kind die Nachte,
Trug's ihrer Magd ins Bett.

4. Und als die Magd das Bett macht,
Fand sie ein Kind, war tot:
»Frau Wirtin, groß Wunder über Wunder,
Ich fand ein Kind, war tot.«

5. »Hast du ein Kind gefunden
Wie eine jedermanns Hur,
An dem Galgen sollst du hangen,
Da draußen vor dem Tor!«

6. Als nun drei Tag herum war'n,
Kam ein Reiter geritten daher,
Fragt: »Frau Wirtin, wo ist denn Ihre Magd,
Daß ich sie sehen kann?«

7. »Was fragst du nach der Magde,
Die eines jedermanns Hur?
An dem Galgen tut sie hangen,
Da draußen vor dem Tor.«

8. Der Reiter lenkt sein Rößlein
Wohl nach dem Galgen zu:
»Feinsliebchen, was hast du verschuldet,
Daß du hier hangen tust?«

9. »Ich habe nichts verschuldet,
Darum bin ich auch nicht tot.
Mein Herr Jesus steht unter meinen Füßen
Und reicht mir Wein und Brot.«

10. Die Magd, die kam herunter,
Die Tochter kam hinauf,
Die Hebamme kam ins Feuer,
Die Mutter kam aufs Rad.

Die Ballade wurde in zwei Varianten gesungen:
Mal mit dem Tod am Galgen, mal – wie hier – mit Rettung im letzten Augenblick.

Meine kleine Gartenlaube ist mein größtes Heiligtum

Das vierte Kapitel der Küchenlieder

worin erzählt wird, wie Zweisamkeit zur Zufriedenheit führen kann – mitunter allerdings erst nach Überwindung von Ungemach und Traurigkeit

Meine kleine Gartenlaube

2. Als der kühle Zephyr spielte
Und der volle Silbermond
Durch die dichten Zweige schielte,
Die die Nachtigall bewohnt,

3. Saß mein Mädchen stumm und traurig
Bei mir auf einer Rasenbank;
Alles war sonst still und schaurig,
Und kein muntrer Vogel sang.

4. Sieh, da küßte eine Taube,
Zärtlich mit dem Gatten sich,
Über uns auf meiner Laube
Kosten sie so inniglich.

5. Und wir sahen es, und schweigend
Sanken wir auch Brust an Brust;
Lipp' an Lippe fester neigend,
Sogen wir die Himmelslust,

6. Schwuren beide ew'ge Treue,
Ew'ge Lieb' in Freud' und Leid,
Und mit seiner höher'n Weihe
Hat uns Amor eingeweiht.

7. Meine Laube wird drum bleiben
Ewig teuer mir und hold;
Nichts soll mich aus ihr vertreiben,
Selbst kein glänzend Erdengold.

Melodie vermutlich von
Ditters von Dittersdorf.

Mariechen saß weinend im Garten

2. Der Geier steigt über die Berge,
Die Möwe zieht stolz einher.
Es weht ein Wind von ferne,
Schon fallen die Tropfen schwer.
Schwer von Mariens Wangen
Eine heiße Träne rinnt:
Sie hält in ihren Armen
Ein kleines, schlummerndes Kind.

3. »Hier liegst du so ruhig von Sinnen,
Du armer, verlassener Wurm!
Du träumest von künftigen Sorgen,
Die Bäume bewegt der Sturm.
Dein Vater hat dich verlassen,
Dich und die Mutter dein;
Drum sind wir arme Waisen
Auf dieser Welt allein.

4. Dein Vater lebt herrlich, in Freuden;
Gott laß es ihm wohlergehn!
Er gedenkt nicht an uns beide,
Will mich und dich nicht sehn.
Drum wollen wir uns beide
Hier stürzen in den See;
Dann bleiben wir verborgen
Vor Kummer, Ach und Weh!« –

5. Da öffnet das Kind die Augen,
Blickt freundlich sie an und lacht;
Die Mutter, vor Freuden sie weinet,
Drückt's an ihr Herz mit Macht.
»Nein, nein, wir wollen leben,
Wir beide, du und ich!
Dem Vater sei's vergeben:
Wie glücklich machst du mich!«

Ein klassisches Küchenlied, verfaßt vom Wiener Kammerherrn Joseph Christian Freiherr von Zedlitz. Es war das Bekenntnis einer ledigen Mutter zu ihrem Kind, ein geradezu revolutionäres Bekenntnis zu einer Zeit, als die uneheliche Schwangerschaft einen sozialen Höllensturz bedeutete.

Das arme und das reiche Mädchen

2. »Gespiele, liebste Gespiele mein,
Was weinest du so sehre?
Weinst du um deines Vaters Gut,
Oder weinst um deine Ehre?«

3 »Ich wein' nicht um meines Vaters Gut,
Wein auch nicht um mein' Ehre:
Wir haben beide einen Knaben lieb,
Daraus können wir uns nicht teilen.«

4. »Gespiele, liebste Gespiele mein,
Laß mir den Knaben alleine!
Ich will dir meinen Bruder geb'n
Und Vaters Gut zu Teile!«

5. »Ei deinen Bruder den mag ich nicht,
Noch Vaters Gut zum Teile;
Ich will nicht Silber, nicht rotes Gold,
Will meinen Schatz alleine.«

6. Der Knab wohl hinter der Linde stand
Und hört der Red ein Ende:
»Ach großer Gott vom Himmel herab!
Zu welcher soll ich mich wenden?

7. Wend ich mich zu der Reichen,
So weinet meines Gleichen;
Wend ich mich zu der Armen,
Da geht's, daß Gott erbarme!

8. Und wenn die Reiche einen Taler hat,
So verzehrt sie ihn alleine;
Und wenn die Arme einen Groschen hat,
So tut sie ihn mit mir teilen.

9. So will ich die Reiche fahren lan,
Und mich zur Armen kehren;
Wir beide sind noch jung und stark,
Wir werden uns schon ernähren!«

Auf der Lahmgruab'n und auf der Wieden

Ein typisches Wienerlied, das in Weinlokalen zum Heurigen gesungen wird und sich außerhalb Österreichs als Küchenlied durchgesetzt hat. Die Lahmgruab'n ist ein Wiener Stadtteil, Wieden der 4. Stadtbezirk. Schani (vom französischen Jean) ist eine Koseform von Hans und Synonym für Liebhaber. Gedichtet und komponiert wurde das Lied von Franz Böhm.

Auf der Lahmgruab'n und auf der Wieden: Bei diesem Lied glaubt man fast, die Schrammelmusik in einem Grinzinger Heurigenlokal zu hören. Was liegt näher, als nach Rezepten zu suchen, die zum Heurigen oder zu einem Weinabend passen?

Weinbeißer-Rezepte

Lauchkuchen · Zwiebel-Speckkuchen · Obazder

Lauchkuchen

TEIG

300 g Mehl · 200 g Butter · 2 Eier · Salz

MASSE

800 g Lauch (nur das Weiße) · 1/4 l Crème fraîche
1/8 l Sahne · 2 Eier · 150 g Gorgonzola · Salz · frisch
gem. schwarzer Pfeffer · 1/4 TL Kümmel

1. Aus Mehl, Butter, Eier und einer Prise Salz einen Teig kneten. Teig kühl stellen.
2. Den Lauch putzen, waschen und in dünne Ringe schneiden.
3. Sahne, Crème fraîche und Eier zu einer Masse verquirlen. Mit Salz, Pfeffer und feingehackten Kümmel abschmecken.
4. Eine Springform ausbuttern.
Den Teig ca. 2–3 mm dick ausrollen und die Form damit auslegen.
5. Den Lauch in der Form gleichmäßig verteilen und die gut abgeschmeckte Sahnemasse darüber gießen.
6. Den Gorgonzola in feine Würfelchen schneiden und auf dem Lauchkuchen verteilen.
Im vorgeheizten Backofen ca. 50 min backen.
7. Den Kuchen warm servieren.

Zwiebel-Speckkuchen

800 g Zwiebel · 150 g geräucherten Speck
1/4 l Crème fraîche · 1/8 l Sahne · 2 Eier · Salz · frisch
gem. schwarzer Pfeffer · 1/4 TL Kümmel

1. Die Zwiebeln schälen und in kleine Würfel hacken.
2. Den Speck in kleine Würfel schneiden, in einer Pfanne mit Butterschmalz anbraten. Wenn der Speck schön braun ist, die Zwiebeln zugeben und ca. 5 min mitdünsten.
3. Sahne, Crème fraîche und Eier zu einer Masse verquirlen. Mit Salz (Speck ist salzig!), Pfeffer und feingehacktem Kümmel abschmecken.
4. Den Teig ca. 2–3 mm dick ausrollen und eine Form damit auslegen.
5. Die Zwiebeln und den Speck gleichmäßig in der Form verteilen.
6. Die Sahnemasse darüber geben.
7. Den Kuchen im vorgeheizten Backofen ca. 50 min backen. Den Kuchen warm servieren.

Obazder

250 g Camembert (möglichst aus der Normandie)
150 g Butter · 1 Zwiebel · 2 Eigelb · 6 cl Bier
1 TL Paprikapulver (edelsüß) · Salz
frisch gemahlener weißer Pfeffer · Petersilie
Schnittlauch · Salatblätter und Radischen
für Garnitur · 1 Stangen-Weißbrot

1. Camembert in eine Schüssel geben, die weiche Butter zugeben und alles mit einer Gabel durcharbeiten.
2. Feingehackte Zwiebel, Eigelb, Bier, Paprikapulver, gehackte Petersilie und geschnittenen Schnittlauch zugeben und vermischen.
3. Mit Salz und frisch gemahlenem Pfeffer abschmecken.
4. Die Masse auf eine Platte geben, mit angemachten Salatblättern und Radischen garnieren.
5. Geröstetes Weißbrot dazu reichen.

Der verschlossene Garten

2. O Minchen, o Minchen, du einsames Kind,
Wer hat dir denn solche Gedanken eingegründt,
In mein'n verschloßnen Garten zu geh'n? –
»Du siehst mir in die Augen, ich muß es frei gesteh'n.

3. Nur einer, sonst keiner, der mir in die Augen sticht,
Je schöner die Blumen, je lieber man sie bricht;
Die lieblichsten Küßchen, die schmecken mir so wohl!
Was wir beide wissen, niemand's erfahren soll.

4. Muß denn ein jeder wissen, was ich und du getan?
Daß wir uns beide küssen, was geht das andre an?
Wir beide sind verbunden aus lauter Lieb und Treu,
Glückselig sind die Stunden, wenn wir beisammen sein!

5. Gehorsamer Diener, gehorsamer Knecht,
Ei, wollen Sie mich lieben, so lieben Sie mich recht!
Oder haben Sie ein' andre viel lieber noch als mich?
Gehorsamer Diener, so bleiben Sie für sich!«

Guten Tag, Herr Gärtnersmann

2. »Ja Fräulein, das hab ich wohl,
Draußen in dem Garten,
Wollen Sie so gütig sein
Und ein wenig warten?«

3. »Bursche, hole den Sessel rein
Mit den goldnen Spitzen,
Fräulein wird wohl müde sein
Und ein wenig sitzen.«

4. »Bursche, hol ein Sträußchen her
Aus dem Rosengarten
Nimm dich aber wohl in Acht,
Tritt nicht auf Rabatten!«

5. Und der gute Junge ging
Freudig nach dem Beetchen,
Doch sein blaues Auge hing
An dem schönen Mädchen.

6. Blumen wand er ihr zum Strauß,
Ach, mit heißem Sehnen;
Als er ihr das Sträußchen reicht,
Flossen seine Tränen.

Bei diesem Lied geht's um eine Liebesgeschichte mit gemischten Gefühlen, um ein Problem mit bitterem Nachgeschmack: um die Bereitschaft eines Mannes, seiner Frau einen Treuebruch zu verzeihen. Und um die Sehnsucht des getrennten Paares, eine zerbrochene Beziehung wieder zu kitten. Möglicherweise steckt eine wahre Geschichte hinter dem Ismene-Lied: Es wird allgemein angenommen, daß der Text aus der Feder des Grafen von Schlüwe stammt, dessen Gattin Ismene ihn mit dem Herzog von Braunschweig betrogen hat. Irgendein Musikus komponierte die Melodie dazu, und über Nacht war das Liebesbekenntnis an Ismene im deutschen Sprachraum bekannt und beliebt.

Und nun geschah Erstaunliches: Ein Unbekannter dichtete kurz darauf zur selben Melodie einen Text, in dem Ismene eine Antwort gab. Beide Lieder wurden dann im Wechsel gesungen, mit männlicher und weiblicher Stimme.

Wie populär das Ismene-Thema war, geht aus einem Brief Goethes aus dem Jahre 1771 hervor. Goethe schreibt darin an Herder: »Ich habe aus dem Elsaß zwölf Lieder mitgebracht, die ich auf meinen Streifereien aus den Kehlen der ältesten Mütterchen aufgezeichnet habe... Ihre Enkel singen alle 'Ich liebte nur Ismenen'.«

Ich liebte nur Ismenen

2. Wie oft hast du geschworen,
Du liebtest mich allein:
Es sollt' dein Reiz verloren,
Dein Anblick schrecklich sein.
Aus Liebe zu Narzissen
Vergißt du Schwur und Pflicht:
O rühre sie, Gewissen,
Nur straf Ismenen nicht!

3. Dort unter jener Buchen
Gabst du mir Strauß und Band.
Da kamst du, mich zu suchen
Und gabst mir deine Hand;
Da gabst du mit Erröten
Den Ring, den Untreu' bricht
Gedanken, die mich töten
Nur straf Ismenen nicht!

4. Dort unter jener Linde
Grubst du mit Händen ein:
»Wer untreu wird, der finde
Hier seinen Leichenstein!«
Schont, Götter, schont Ismenen,
Die selbst ihr Urteil spricht.
Mein Grab soll euch versöhnen
Nur straf Ismenen nicht!

Ismenes Antwort

1. Sie liebt dich doch, Ismene,
Damöt, sie liebet dich.
Die unverstellte Träne
Ist ein Beweis für mich.
Mein Herz fühlt noch die Triebe,
Stets wünscht es dein Gesicht.
Entdeck' es ihm, o Liebe,
Nur straf Damöten nicht.

2. Was dir mein Mund geschworen,
Wird nie mein Herz bereun;
Nie geht der Schwur verloren
Dir ewig treu zu sein.
Du sagst mir von Narzissen:
Damöt, wenn dies geschicht,
So quäle mich, Gewissen,
Nur straf Damöten nicht.

3. Dort unter jener Buchen,
Dort schmückte dich mein Band;
Dort kam ich, dich zu suchen,
Dort nahm ich deine Hand.
Sie soll ohn' zu erröten,
Wann mir die Treu gebricht,
Sie soll Ismenen töten,
Nur straf Damöten nicht.

4. Ich schnitt in diese Linde
Den Bund der Liebe ein:
Wann sie mich untreu finde,
Sei sie mein Leichenstein.
Nein, schone nicht Ismenen,
Wenn sie das Bündnis bricht.
Nein, Himmel, nein versöhne,
Nur straf Damöten nicht!

Mignons Lied

2. Kennst du das Haus? Auf Säulen ruht sein Dach,
Es glänzt der Saal, es schimmert das Gemach.
Und Marmorbilder steh'n und seh'n mich an:
»Was hat man dir, du armes Kind, getan?«
Kennst du es wohl? Dahin, dahin
Möcht ich mit dir, o mein Beschützer, zieh'n!

3. Kennst du den Berg und seinen Wolkensteg?
Das Maultier sucht im Nebel seinen Weg,
In Höhlen wohnt der Drachen alte Brut,
Es stürzt der Fels und über ihn die Flut.
Kennst du ihn wohl? Dahin, dahin
Geht unser Weg, o Vater, laß uns zieh'n!

Text: Johann Wolfgang von Goethe.
Melodie: Friedrich Reichardt.

Verführung einer Königstochter

Das fünfte Kapitel der Küchenlieder

worin von verliebten Leuten erzählt wird,
die durch mancherlei Listen ans Ziel
ihrer Wünsche gelangten

Was ist leichter vorstellbar, als daß sich die junge, wohlbehütete Königstocher nach einem Liebhaber sehnt? Und ebenso gut vorstellbar ist es, daß der junge Reiter die Königstochter verführen möchte. Doch kaum vorstellbar war, daß die beiden zusammenkamen. Ein Reiter war zwar, je nach Herkunft, ein Mann von einem gewissen sozialen Stand – doch für eine Königstochter meist zu gering. Ihr wurde üblicherweise als Gemahl ein Fürst gleichen Geblüts verordnet, ob sie ihn nun liebte oder nicht. Nur mit List konnten Reiter und Königstochter zusammenkommen. Wie das geschah, erzählt das folgende Lied.

Verführung einer Königstochter durch einen als Roßknecht verkleideten Reiter

1. Es steht ein Baum in Österreich
Der trägt Muskatenblumen.
Die erste Blume, die er trug,
Die brach einst Königs Tochter.

2. Darzu kam ein Reiter gegangen,
Er freit des Königs Tochter.
Er freiet sie länger denn sieben Jahr,
Er kunnt sie nit erfreien.

3. »Laß ab, laß ab du junger Knab,
Du kannst mich nit erfreien,
Ich bin viel besser geboren denn du
Von Vater und auch von Mutter.«

4. »Bist du viel besser geboren denn ich
Von Vater und auch von Mutter,
So bin ich dein's Vaters gedingter Knecht
Und schwing dem Rößlein das Futter.«

5. »Bist du mein's Vaters gedingter Knecht
Und schwingst dem Rößlein das Futter,
So gibt dir mein Vater ein großen Lohn,
Darmit laß dich genügen!«

6. »Den großen Lohn, den er mir gibt,
Der wird mir viel zu saure:
Wenn ander Knecht zum Schlafkämmerlein geh'n,
So muß ich zu der Scheure.«

7. Des Nachts wohl um die halbe Nacht,
Das Mägdlein begunnt zu trauren;
Sie nahm ihr Kleider in den Arm
Und ging wohl zu der Scheuren.

8. Des Morgens, als der Tag anhob,
Der König begunnt zu rufen:
»Steh auf, steh auf, du gedingter Knecht
Und gib dem Roß das Futter.«

9. »Das Futter, das ich geben will,
Das liegt in meinen Armen;
Letzten Abend war ich euer gedingter Knecht,
Euer Eiden bin ich worden.«

10. »Daß du mein Eiden worden bist,
Daß müßt' sich Gott erbarmen!
Ich hab sie Ritter und Grafen versagt,
Dem Schlemmer ist sie worden.«

11. »Dem Schlemmer, dem sie worden ist,
Der kann sie wohl ernähren;
Er trinkt viel lieber den kühlen Wein,
Denn Wasser aus dem Brunnen.« –

12. Der uns dies neue Liedlein sang,
Er hat's gar wohl gesungen,
Er ist dreimal in Frankreich gewest,
Und allzeit wiederkummen.

Wird zur Melodie »Es liegt ein Schloß in Österreich« gesungen. Siehe Seite 40.

Wie wohl das Hochzeitsmahl des ungleichen Paares ausgesehen haben mag? Die Königstochter hatte einen verwöhnten Gaumen, der Reitersmann war deftige Kost gewohnt. Jeder Geschmack sollte befriedigt werden. Solche Anforderung ist heutzutage gar nicht selten und kommt in den besten Familien vor.

Hochzeitsmahl

Kartoffel-Steinpilzsuppe · Forelle und Zander auf Gemüse-Ingwer-Sauce
Müsli-Mousse mit Krokodilstränen

Kartoffel-Steinpilzsuppe

300 g mehlig kochende Kartoffeln · 150 g Steinpilze
2 Schalotten · 1 Knoblauchzehe · 50 g weißer Lauch
1/2 l Geflügelfond · 1/8 l Crème fraîche
1/8 l geschlagene Sahne · 5 cl Nolly Part (trockener Wermut) · 1 Lorbeerblatt · Salz · Korianderkraut
4 Tropfen Tabasco · Muskat

1. Die Kartoffeln waschen, schälen und in kleine Würfel schneiden.
2. Schalotten, Knoblauch und Lauch feinschneiden und in Butter andünsten.
3. Die Kartoffeln zugeben, mit Nolly Part ablöschen, mit dem Geflügelfond auffüllen, das Lorbeerblatt zugeben und alles 30 min köcheln lassen.
4. Die Steinpilze putzen, waschen und in Scheiben schneiden. Die schönen Scheiben als Einlage zurückhalten, den Rest den Kartoffeln zugeben und noch 5 min köcheln lassen.
5. Das Lorbeerblatt herausnehmen, die Crème fraîche zufügen und alles im Mixer pürrieren.
6. Die schönen Steinpilze zugeben, noch ca. 1 min köcheln lassen.
7. Mit Salz, frisch geriebenem Muskat, Tabasco und frisch geschnittenem Korianderkraut abschmecken.
8. Die geschlagene Sahne unterziehen und in Suppentellern servieren.

Forelle und Zander auf Gemüse-Ingwer-Sauce

300 g Forellenfilet (besser Lachsforelle)
300 g Zanderfilet

GEMÜSE-INGWER-SAUCE
100 g Karotten · 80 g Sellerie · 50 g Sojasprossen
50 g Butter · 0,2 l Geflügelfond · 0,2 l Fischfond
0,1 l trockenen Weißwein · 0,1 l Sake · 1 TL Mango Chutney · 30 g kandierter Ingwer
60 g Sweet & Sour Sauce · 1/2 Zitrone

1 Eßl. Zucker · 20 g frischer Ingwer · Sweet Chilisauce · Djahé (Gewürzmischung mit getrocknetem Ingwer) · Salz · Schnittlauch · Petersilie
300 g Basmati Reis · 1 Gewürzbeutel (Lorbeerblatt, Nelke, Wacholderbeeren, weißer Pfeffer)
1/4 l Weißwein

1. Sellerie und Karotten waschen, schälen und in feine Streifen schneiden.
2. Butter in einen Topf geben, zuerst die Karotten anschwitzen, die Sojasprossen und zuletzt den Sellerie zugeben.
3. Mit Weißwein und Sake ablöschen, mit dem Geflügel- und Fischfond auffüllen.
4. Ca. 10 min köcheln lassen, Mango Chutney, Sweet & Sour Sauce, Zitrone, Zucker und den frisch geriebenen Ingwer zugeben.
5. Die Sauce mit Sweet Chili, Djahé, Salz und kandiertem, feingeschnittenem Ingwer abschmecken.
6. Basmati Reis in Salzwasser mit dem Gewürzbeutel und dem Weißwein ca. 20 min langsam garen.
7. Den Fisch salzen und in Butter braten.
8. Die Sauce mit frisch gehackter Petersilie und Schnittlauch verfeinern, anrichten.

Müsli-Mousse mit Krokodilstränen

80 g Früchtemüsli getrocknet · 0,2 l Milch
1/2 Vanillestange · 2 Eigelb · 50 g Zucker
50 g Maracuja-Joghurt · 3 Blatt Gelatine
175 g geschlagene Sahne · 2 cl Kirschwasser

NOUGATSAUCE

200 g Nougat · 0,2 l Sahne · 2 cl Drambuie (Whiskylikör) · 3 Eßl. angeschlagene Sahne

KROKODILSTRÄNEN

100 g Johannisbeergelee · 1 Blatt Gelatine

1. Ein Blatt Gelatine in kaltem Wasser einweichen.
2. Das Johannisbeergelee in einem Topf erwärmen, die Gelatine zugeben, verrühren und 5 Std. kalt stellen.
3. Die Milch mit der Vanillestange aufkochen und 15 min ziehen lassen.
4. Die Milch über das Früchtemüsli gießen und 12 Std. quellen lassen.
5. Die Gelatine in kaltem Wasser einweichen.
6. Eigelb und Zucker schaumig rühren.
7. Den Joghurt einrühren, die Gelatine in einem Topf leicht erwärmen und in die Eimasse einrühren.
8. Das Kirschwasser und das Müsli zugeben und verrühren.
9. Die geschlagene Sahne unterheben und 5 Std. kalt stellen.
10. Die Sahne erwärmen, den Nougat einbröckeln. Die Sahne mit einem Schneebesen rühren, bis sich der Nougat ganz gelöst hat.
11. Die Sauce auskühlen lassen, mit angeschlagener Sahne und dem Drambuie aufrühren.
12. Saucenspiegel auftragen, das Mousse ausstechen und auf dem Saucenspiegel anrichten.
13. Das Johannisbeergelee mit einem kleinen Kugelausstecher ausstechen, in Zucker wälzen und auf dem Teller verteilen.

Es hatt' ein Bauer ein schönes Weib

2. Der Mann, der dachte in seinem Sinn:
»Die Reden, die sind gut!
Ich will mich hinter die Haustür stellen,
Will seh'n, was meine Frau tut.
Will sagen, ich fahre ins Heu.«

3. Da kommt geschlichen ein Reitersknecht
Zum jungen Weibe herein,
Und sie umfängt gar freundlich ihn,
Gab stracks ihren Willen darein.
»Mein Mann ist gefahren ins Heu.«

4. Er faßte sie um ihr Gürtelband
Und schwang sie wohl hin und her;
Der Mann, der hinter der Haustür stand,
Ganz zornig da trat er herfür:
»Ich bin noch nicht gefahren ins Heu.«

5. »Ach trauter, herzallerliebster Mann,
Vergib mir diesen Fehl!
Ich will ja herzen und lieben dich,
Will kochen dir Mus und Mehl.
Ich dachte, du wärest ins Heu.«

6. »Und wenn ich gleich gefahren wär
Ins Heu und Heberstroh,
So sollst du nun und nimmermehr
Einen anderen lieben also;
Da fahre der Teufel ins Heu!«

7. Und der euch dieses Liedlein sang,
Der wird es singen noch oft,
Er ist der junge Reitersknecht,
Er liegt im Heu und Hof.
Er fährt auch manchmal ins Heu.

Es hatt' ein Edelmann ein Weib

1. Es hatt' ein Edelmann ein Weib,
Ein wunderschöne Frauen;
Es war ein junger Graf im Land,
Der wollt sie gern beschauen.

2. Er legt sich weiße Kleider an
Sam er ein Pilgram wäre;
Er kam fürs Schloß und klopfet an:
Ob jemand drinnen wäre?

3. Die Magd wohl zu der Frauen sprach:
»Es ist ein Pilgram außen,
Weder soll man ihn lassen einher gan
Oder soll man ihn lassen draußen?«

4. Die Frau wohl zu der Magd so sprach:
»Man soll ihn einher lassen,
Man sollt ihm Essen und Trinken geb'n,
Man ihn lassen rasten.«

5. Alsbald er in die Stuben einkam,
Da bot man ihm zu trinken
Aus einem silbern Becherlein;
Sein' Äuglein ließ er sinken.

6. Als er 'gessen und trunken hätt',
Der Herr hub an zu fragen:
Aus welchem Land er kommen wär,
Aus Franken oder aus Schwaben?

7. »In Franken bin ich wohl bekannt,
In Schwaben bin ich erzogen,
Und was ich drinnen verloren hab,
Das darf ich wieder holen.«

8. Die Frau wohl zu dem Herren sprach:
»Man soll die Leut nit fragen;
Alsbald sie 'gessen und trunken hab'n
Sollt man ihn' leuchten schlafen.«

9. Der Herr der ist ein zornig Mann,
Er schlug die Frau ins Auge:
»Ja, wenn der Herr zu reden hat,
Soll stille schweigen die Fraue!«

10. Die Frau wohl zu dem Herren sprach:
»Der Streich wird euch gereuen;
Eh denn das Glöcklein None schlägt
Wohl zwischen zwei und dreien.«

11. Und da das Glöcklein zwölfe schlug,
Der Herr ging zu der Metten;
Da schwang sich das wunderschöne Weib
Wohl zu dem Pilgram ins Bette.

12. Wohl anhin gegen dem Tage
Hört man die Vöglein singen,
Da schwang sich das wunderschöne Weib
Wohl mit dem Pilger von hinnen.

13. Und da der Herr von Metten heimkam,
Kam ihm viel neuer Märe:
Wie es sein wunderschöne Frau
Wohl mit dem Pilger hin wäre.

14. Der Herr wohl zu dem Knechte sprach:
»Sattel unser beider Gäule!
Wir wollen reiten Berg und Tal,
Wir wöllen's wohl ereilen!«

15. Und da sie auf die Heiden aus kamen,
Hören sie's Jägerlein blasen.
»O Jäger, liebster Jäger mein,
Wer wohnt auf diesem Schlosse?«

16. Und wer auf diesem Schlosse wohnt,
Das darf ich euch wohl sagen:
»Es ist ein wunderschöne Frau
Wohl mit dem Pilger her zogen.«

17. Der Herr wohl zu dem Knechte sprach:
»Wohl auf! Wir wöllen von dannen:
Wenn es mein Frau kein Ehr will haben,
So hab sie Spott und Schande!«

18. Wer ist der uns dies Liedlein sang?
Frisch, frei hat er's gesungen,
Das hat getan ein Pilgram gut,
Dem mit der Frauen ist gelungen.

Wird zur Melodie »Es liegt ein Schloß in Österreich« gesungen. Siehe Seite 40.

Die arme Frau des reichen Mannes

2. Es begab sich einmal auf ein Zeit,
Daß der reiche karge Mann ausreit;
Der reich Mann war geritten aus,
Ein Bettler kam ihm für das Haus.

3. Er bat die Frau wohl um ein Gab
Durch des lieben Herrn Sanct Claus:
»Ach Frau, möcht ich ein Almos han,
So wollt ich darnach fürbaß gan.«

4. »Ach Bettler, du bitt'st mich um ein Gab,
Vor mir ist b'schlossen Wein und Brot;
Ich bin mein's Gut's ein armes Weib,
Ich teil mit dir mein' stolzen Leib!«

5. Ich weiß nit, was er ihr verhieß,
Daß sie den Riegel von dannen stieß,
Sie stieß den Riegel an ein Eck
Und legt den Bettler in ihr Bett.

6. Die zwei lagen die lange Nacht,
Bis sie bescheint der helle Tag:
»Stand auf, Bettler, wann es ist Zeit,
Du leihst eim Biedermann sein Weib.«

7. Er zog herfür sein' Bettelsack,
Die Stücklein waren Wohlgeschmack;
»Seh hin, mein Lieb, iß Käs und Brot,
Bis daß der Hunger dir vergaht.«

8. Und da der Herr zum Hof einreit',
Die Kellerin ihm entgegen schreit:
»Ach Herr, ich sag euch neue Mär,
Die Frau behielt ein'n Betteler.«

9. Und da der Herr zum Haus eintrat:
»Lebst du noch oder bist du tot?«
»So leb ich noch und bin nit tot:
ein Bettler mich erfreuet hat.«

10. Was zog er ab dem Gürtel sein?
»Nun seh, du Lieb, die Schlüssel dein!«
Also erging's dem kargen Mann,
Der seinem Weib kein Gutes gann.

Worterklärung: Karg = geizig.
Mit Sanct Claus (3. Strophe) ist der heilige Nikolaus gemeint, der auch als Schutzpatron der Armen und Bettler galt.

Ein Schäfermädchen weidete zwei Lämmer

2. Sie setzte sich ins weiche Gras
Und sprach gedankenvoll:
Ich will doch einmal seh'n zum Spaß.
Wie lang ich leben soll!
Wohl bis hundert zählte sie,
Allein der Kuckuck immer schrie:
Kuckuck! Kuckuck! Kuckuck! Kuckuck!
Kuckuck!

3. Da ward das Schäfermädchen toll
Sprang auf aus grünem Gras,
Nahm ihren Stab und lief voll Groll
Hin, wo der Kuckuck saß.
Herr Kuckuck merkt's und zog zum Glück
Sich schreiend in den Wald zurück.
Kuckuck! Kuckuck! Kuckuck! Kuckuck!
Kuckuck!

4. Sie jagt ihn immer vor sich her,
Tief in den Wald hinein.
Doch wenn sie rückwärts kehrt, kam er
Mit Schreien hinterdrein.
Sie jagt ihn und verfolgt ihn weit,
Indes der Kuckuck immer schreit:
Kuckuck! Kuckuck! Kuckuck! Kuckuck!
Kuckuck!

5. Sie lief in tiefsten Wald hinein:
Da ward sie müd und sprach:
Nun, meinetwegen magst du schrein!
Ich geh nicht weiter nach.
Sie will zurück, da springt hervor
Ihr Schäfer und ruft ihr ins Ohr:
Kuckuck! Kuckuck! Kuckuck! Kuckuck!
Kuckuck!

Es spielt' ein Graf mit einer Magd

DAS SECHSTE KAPITEL DER KÜCHENLIEDER

worin von Mädchen und Männern berichtet wird,
die das Glück der Liebe genossen und danach
viel Tränen vergossen

Es spielt' ein Graf mit einer Magd

2. »Wein nicht, wein nicht mein Mägdelein,
Dein Ehr' will ich bezahlen.
Ich will dir geben den Reitknecht mein,
Dazu zwölfhundert Taler.«

3. »Den Reitknecht dein, den mag ich nicht,
Ich will den Herren selber.
Ich will hinweg, ich will hinweg,
Will schnell zu meiner Mutter.«

4. »Ach Mutter, liebe Mutter mein,
Mach mir ein Bett von Seiden!
Mach mir's fein lang, mach mir's fein schwank,
Den Tod will ich drauf leiden.«

5. »Ach Tochter, liebe Tochter mein,
Wie hat es dir gegangen,
Daß dir der Rock ist vorn zu kurz
Und hinten viel zu lange?«

6. »Ach Mutter, liebe Mutter mein,
Das darf ich dir nicht sagen:
Es hat ein Graf mit mir gespielt,
Der Schelm hat mich betrogen.«

7. »Ach Tochter, liebe Tochter mein,
Das wollen wir schon machen.
Wenn du's bei Tag oder Nacht gebärst,
So tragen wir's ins Wasser.«

8. »Ach Mutter, liebe Mutter mein,
Das gibt uns eine Schande.
Wenn das der junge Markgraf erfährt,
Der jagt uns aus dem Lande.«

9. Als es nun gegen Mitternacht kam,
Das Maidlein tat verscheiden.
Da kam dem jungen Graf ein Traum,
Sein Liebchen tät verscheiden.

10. »Ach, allerliebster Reitknecht mein,
Sattle mir und dir zwei Pferde,
Wir wollen reiten Tag und Nacht,
Bis wir die Post erfahren.«

11. Als sie nun vor die Stadt Regensburg kam'n,
Wohl vor die hohen Tore,
Da trugen sie sein Feinsliebchen heraus
Auf einer Totenbahre.

12. »Setzt ab, setzt ab, ihr Träger mein,
Daß ich mein Liebchen schaue!
Ich schau nicht mehr als noch einmal
In ihre schwarzbraunen Augen.«

13. Er deckt ihr auf das Leichentuch
Und sah ihr unter die Augen:
»O weh, o weh, der blasse Tod
Hat's Äuglein dir geschlossen!«

14. Er zog heraus sein blankes Schwert
Und stach sich in sein Herze:
»Hab ich dir geben Angst und Pein,
So will ich leiden Schmerzen!«

15. Man legt den Grafen zu ihr in Sarg,
Bescharret sie unter die Linde:
Da wuchsen nach dreiviertel Jahr
Aus ihrem Grab drei Lilien.

Wird auch zur Melodie »Es liegt ein Schloß in Österreich« gesungen. Siehe Seite 40.

Die gebrochenen Äste

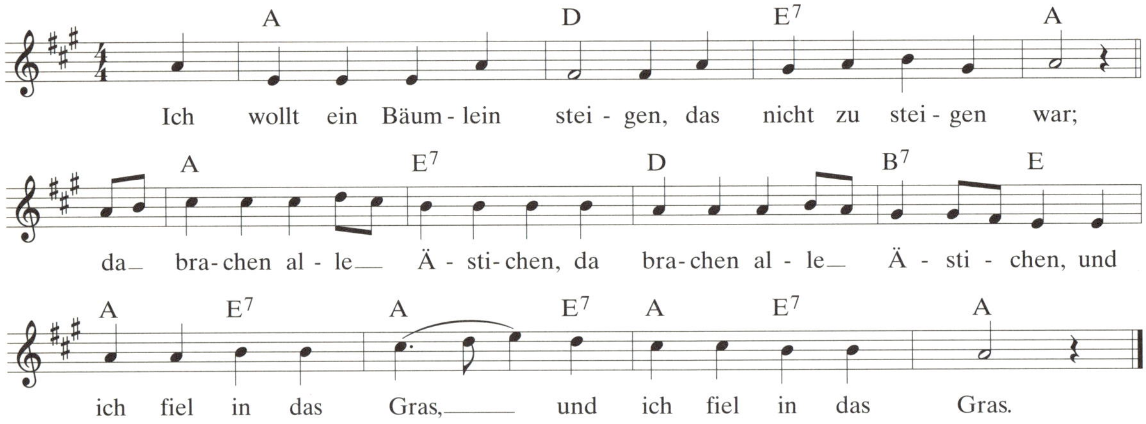

2. Ach wenn das doch mein Schätzchen wüßt,
Daß ich gefallen wär,
Es tät so manchen weiten Schritt,
Bis daß es bei mir wär.

3. Die Blätter von den Bäumelein,
Die fielen all auf mich,
Daß mich mein Schatz verlassen hat,
Das kränket mich ja nicht.

4. Daß mich mein Schatz verlassen hat,
Das ist noch so und so,
Er wird bald wieder kommen,
Von Herzen bin ich froh.

5. Und kömmt er dann nicht wieder,
So bleibt er weg von mir;
Heirat ich einen andern,
Was frag ich denn nach dir?

6. Es ist kein Apfel so rosenrot,
Es steckt ein Wurm darin,
Es ist kein Bürschchen auf der Welt,
Es führt ein' falschen Sinn.

7. Ein falscher Sinn, ein froher Mut
Verführt das junge Blut.
Ich hab's gehört von Alten:
Die Lieb tut selten gut.

Gebrochene Äste symbolisieren im
Volksglauben einen Treuebruch.

Wer lieben will, muß leiden

2. Wer Rosen will abbrechen,
Der scheu die Dornen nicht.
Wenn sie gleich heftig stechen,
So genießt man doch die Frücht'.

3. Mich drückt, ich darf's nicht sagen
Mich drückt ein hartes Joch;
Mich drückt's und ich darf's nicht klagen,
Ach Himmel, hilf mir doch!

4. Die ich so gerne hätte,
Die ist mir nicht erlaubt;
Ein andrer sitzt am Bette,
Hat mir mein Herz geraubt.

5. Hätt' ich dich nie gesehen,
Wie glücklich könnt ich sein!
Aber leider ist's geschehen:
Mein Herz ist nicht mehr mein!

Liebeskummer – wer hat ihn nicht erlebt? Die Versuchung ist groß, sich vor lauter Gram den Magen vollzuschlagen. Wenn's denn sein muß, dann sollte es etwas Anständiges sein, es sollte etwas Tröstliches und Erheiterndes zu essen geben.

Das Du-du-liegst-mir-im-Magen-Menü

Verschiedene Blattsalate mit Nüssen und Trauben · Lasagne
Mousse au chocolat

Verschiedene Blattsalate mit Nüssen und Weintrauben

Verschiedene Blattsalate nach Saison
250 g Weintrauben · 150 g gemischte Nüsse

DRESSING

2 Knoblauchzehen · 2 kleine Zwiebeln
1/2 Eßl. Dijonsenf · 70 g Weißweinessig
0,1 l Weißwein · Salz · frisch gem. weißer Pfeffer
3 Tropfen Tabasco · Worcestersauce · 1 Bund Basilikum · 0,2 l Olivenöl · 0,2 l Salatöl
gehackte Blattpetersilie

1. Knoblauch, Zwiebel, Dijonsenf, Essig und Weißwein in den Mixer geben.
2. Alles mixen, das Basilikum zugeben und die beiden Öle langsam in den Mixer einlaufen lassen.
3. Mit Salz, Pfeffer, Tabasco und einem kleinen Schuß Worcestersauce abschmecken.
4. Die Weintrauben waschen, halbieren und entkernen.
5. Den Salat waschen, gut abtropfen, mit dem Dressing anmachen und anrichten.
6. Die Nüsse und Trauben darüber streuen, mit gehackter Petersilie garnieren und servieren.

Lasagne

NUDELTEIG

170 g Semula (Grieß) · 70 g Mehl · 2 Eier
2 1/2 Eßl. Olivenöl · 200 g geputzter Spinat
2 Prisen Salz

FÜLLUNG

500 g gemischtes Hackfleisch · 1 Zwiebel
1 Knoblauchzehe · 4 Tomaten · 150 g Champignons
1/4 l Fleischbrühe · Salz · Pfeffer · 1 TL Paprikapulver (edelsüß) · Basilikum · 1/4 l Milch
1/8 l Fleischbrühe · 25 g Mehl · 25 g Butter
200 g geriebener Bergkäse

1. Den Spinat waschen, 1 1/2 min in Salzwasser abkochen, in kaltem Wasser abschrecken und in einem Tuch fest ausdrücken.

2. Das Semula und das Mehl miteinander vermischen.
3. Die Eier, den Spinat, das Salz und das Olivenöl im Mixer pürrieren, der Semula-Mehlmischung zugeben.
4. Alles verkneten und den Teig dann 1 Std. kalt stellen.
5. Das Hackfleisch in Butterschmalz anbraten, die gehackte Zwiebel und den feingeschnittenen Knoblauch zufügen und weiterdünsten.
6. Die Tomaten kurz in kochendes Wasser tauchen, abschrecken, abziehen, kleinschneiden und mit dem Paprikapulver dem Hackfleisch zugeben.
7. Mit der Fleischbrühe auffüllen und ca. 45 min schmoren.
8. Mit der Butter und dem Mehl eine weiße Mehlschwitze herstellen, mit der Milch und der Fleischbrühe auffüllen, 20 min auskochen, abschmecken.
9. Den ausgerollten Nudelteig 20 Sekunden in kochendem Wasser abkochen, in kaltem Wasser abschrecken und auf einen Tuch trocken legen.
10. Die Champignons waschen, vierteln und mit den Hackfleisch noch 5 min kochen.
11. Das Hackfleisch mit Salz, Pfeffer und frisch geschnittenem Basilikum abschmecken.
12. Nudelblätter und Hackfleisch abwechselnd in eine feuerfeste ausgebutterte Form schichten, mit der Milchsauce übergießen, mit dem Käse bestreuen, ca. 20–25 min bei 200° C backen, ausstechen und servieren.

Mousse au chocolat

200 g Schweizer Kuvertüre bitter · 5 Eigelb

40 g Zucker · 3 Eiweiß · 1 kleine Prise Salz

350 g geschlagene Sahne · 2 cl heißes Wasser

1. Die Kuvertüre bei ca. 45° C im Wasserbad schmelzen.
2. Das Eigelb mit 20 g Zucker schaumig rühren.
3. Das Eiweiß mit einer Prise Salz langsam anschlagen, Zucker zugeben und steif schlagen.
4. Die Kuvertüre dem Eigelb zugeben, das heiße Wasser darüber schütten und mit einen Schneebesen kräftig glatt rühren.
5. Ca. 1/3 der nicht ganz steifgeschlagenen Sahne unterrühren.
6. Die Hälfte des Eiweiß, dann die Hälfte der Sahne unterheben, dann die restliche Hälfte des Eiweiß und zum Schluß die restliche Sahne dazu geben.
7. Die Mousse in eine Glasschüssel füllen und 5 Std. kalt stellen.
8. Die Mousse mit einen Löffel ausstechen, mit Vanilleeis und frischen Früchten anrichten und servieren.

Der gebrochene Treueschwur

2. In der Blüte meiner schönsten Jugend
Gab ich mich zum Opfer für dich hin,
Raubtest mir die Unschuld zarter Tugend,
Spott und Hohn war für mich mein Gewinn.

3. Nanntest mich dein Alles nur im Leben,
Drücktest mich an deine zarte Brust,
Konntest nur in Wonne mit mir leben:
Spott und Hohn war für mich mein Verlust.

4. Stehst du einst an meines Grabes Rande,
Siehest du den Leichenstein vor dir,
O so gönne mir noch eine Gabe:
Weine eine heiße Träne mir!

Unsre Liebe ist zerrissen

2. Wohl an die Türe,
Wohl an das Haus:
»Ach Schätzchen, liebstes Schätzchen,
Unsre Freundschaft ist aus!«

3. Ich ging wohl an das Fenster,
Klopfte an mit meinem Ring:
»Ach Schätzchen, liebstes Schätzchen,
Wen hast du bei dir drin?«

4. Sie täte sehr erschrecken,
Aus dem Bette sprang sie raus,
Tät ein Kittel überwerfen,
Zum Fenster schaut sie raus.

5. »Geh weg von meinem Fenster,
Geh weg von meiner Tür!
Sonsten greif ich nach den Waffen
Und schlage nach dir.«

6. »Du hast mir versprochen
Die Treue so fest;
Du hast sie gebrochen:
Geh hin, wo du gewest!« –

7. Und als die zwei Verliebten
Haben Abschied genomm'n,
Da sind ihnen die Tränen,
Von den Wangen geronn'n.

8. Die Tränlein von den Augen,
Die Tränlein von den Wang'n:
»Wir zwei verliebte Herzen,
Kommen nimmermehr zusamm'n.«

9. »Ei du, vergoldtes Hüttchen,
Gib mir noch einen Glanz!
Unsre Liebe ist zerrissen
Wird nimmer mehr ganz.«

Linchen ging einmal spazieren

2. Linchen war ein gutes Mädchen,
War schön, jung und treu,
Linchen war ein gutes Mädchen,
Etwas Schalk dabei.

3. Schön und niedlich war der Bube,
Lieblich sein Gesang.
Schön und niedlich war der Bube,
War wie ein Birken schlank.

4. »Gib mir doch ein einzigs Küßchen,
Liebes Linchen her!«
Hierauf reicht sie ihm ein Küßchen
Und noch etwas mehr.

5. Eh sie von einander schieden,
Schwur der Jüngling Treu;
Als sie von einander waren,
War die Schwur vorbei.

6. Schattig ist der Wald und dunkel
Und ich so allein!
Schattig ist der Wald und dunkel,
Und mir hilft kein Schrein.

7. »Linchen, deine Wangen blassen«,
Sprach die Mutter einst,
»Linchen deine Wangen blassen,
Und du weinst allein?«

8. »Ach, ein Jüngling hat geschworen
Und sein Schwur ist fort,
Ach ein Jüngling hat geschworen
Und mein Kranz ist fort.«

9. »Mutter, ach in wenig Tagen
Werd ich nicht mehr sein,
Mutter, ach in wenig Tagen
Scharrt man Linchen ein.

10. Dann so setzt am grünen Hügel
In dem Myrtenhain:
Dieser schwarze Todeshügel
Hüllt ein Mädchen ein!«

Mein Schatz ist vierzig Meilen von hier

2. Ich ging auf mein Schlafkämmerlein,
Ich meint', ich wär' allein;
Da kam der Herzallerliebste
Wohl zu der Tür herein.

3. »Was machest du, Feinsliebchen, hier,
Was machst du hier allein?
Hast mir die Eh' versprochen
Und wendest dich von mir?«

4. »Daß ich von dir mich wenden muß,
Das haben meine Freunde Schuld:
Ich sollt einen andern nehmen,
Der reicher wär' als du.

5. Was frag ich nach einem reichen,
Was frag ich nach der Welt?
Mein Schatz mir ja gefallen tut,
Mein Schatz mir wohlgefällt.«

Bitterliche Tränen

2. »Was soll ich denn nun bei dir tun?
Was soll ich bei dir machen?
Denn du liebst einen andern Schatz,
Du liebst ein schönern Schatz.
Tust mich auslachen.«

3. »Ich liebe keinen andern Schatz,
Ich liebe dich von Herzen.
Wenn du nicht bei mir bleibst,
Und mir die Zeit vertreibst,
So leid ich Schmerzen.«

4. Es gibt auch Mannsleut in der Welt,
Die sein so falsch als wie das Geld;
Denn wer aufs Wasser baut
Und seinem Schatz vertraut,
Der ist verloren.

Die Räuberbraut

2. »Du armes Mägdlein, mich dauert deine Seele,
Weil ich muß fort in meine Räuberhöhle,
Wo wir dereinst so glücklich wollten sein,
Es muß jedoch, es muß geschieden sein.

3. Nimm diesen Ring, und sollte jemand fragen,
So sollst du sagen, daß ein Räuber ihn getragen,
Der dich geliebt bei Tag und bei der Nacht,
Und der schon viele Menschen umgebracht.

4. Geh du nur hin auf eine grüne Wiese,
Wo viele andre junge Männer sind.
Vielleicht kannst du mit einem glücklich sein,
Ich aber muß in 'n finstern Wald hinein.

5. Und wenn ich endlich, endlich komm zum Sterben,
So sollst du alles, ja alles von mir erben.
Ich setze in mein Testament dich ein,
Nur du allein sollst meine Erbin sein.«

Abschiedsessen in der Räuberhöhle – dazu muß uns doch was einfallen. Lassen Sie uns also überlegen, was sie wohl gegessen haben, bevor sie sich trennten, der Räuber und die Räuberbraut.

Räuberspieß und Gaunersüppchen

Gaunersüppchen · Räuberspieß mit Champignons
Banditenauflauf

Gaunersüppchen

1 l Rindfleischbrühe · 70 g Butter · 250 g gemahlene Rinderleber · 2 Eier · 80 g Semmelbrösel · Salz Muskat · Majoran · Petersilie · Schnittlauch

1. Die Butter in einer Schüssel schmelzen, die Eier zugeben und verrühren.
2. Mit zwei Prisen Salz, Muskat und Pfeffer würzen.
3. Die Leber zugeben und verrühren, dann die Semmelbrösel einrühren.
4. Die ganze Masse mit gehackter Petersilie und etwas frisch geschnittenem Majoran vollenden.
5. Von der Masse Klößchen in die kochende Rindfleischbrühe abstechen.
6. Weitere 5 min kochen lassen, mit Salz abschmecken und anrichten. Mit Schnittlauch bestreuen und servieren.

Räuberspieß mit Champignonköpfen

600 g Lammrücken · 150 g Champignons Cornichons · 200 g Paprika bunt · 150 g geräucherten Speck · 1 Zwiebel · 1 Knoblauchzehe 1 Eßl. Rosenpaprika · Essig · 1/4 l Fleischbrühe Pfeffer · Kümmel · Majoran · Salz

1. Lammrücken von sämtlichen Sehnen und Fett befreien und in Medaillons schneiden.
2. Champignons putzen, die Stiele heraustrennen.
3. Paprika waschen, putzen und in Streifen schneiden. Die Zwiebel und den Speck ebenfalls.
4. Knoblauchzehe fein schneiden und auf einer Prise Salz zerdrücken.
5. Etwas Butterschmalz in einem Topf schmelzen, Speckstreifen anbraten, Zwiebel, Paprika und Knoblauch zugeben und andünsten.

6. Rosenpaprika einstreuen, etwas andünsten und mit einem Schuß Essig ablöschen. Mit der Fleischbrühe auffüllen.
7. Mit Salz, Pfeffer und gemahlenem Kümmel würzen, Deckel aufsetzen und weichdünsten.
8. Auf einen Spieß immer jeweils einen Champignonkopf, eine Cornichon, einen Champignonkopf und ein Lammedaillon aufspießen, bis der Spieß voll ist.
9. Den Spieß auf beiden Seiten ca. 4–5 min in Butterschmalz braten, bei 80° C noch ca. 10 min an die Wärme stellen.
10. Mit Paprika und Majoran verfeinern, auf einem Teller anrichten, den Spieß darüber legen und mit Reis servieren.

Banditenauflauf

300 g altes Weißbrot · 1,2 l Milch · 8 Eier
160 g Zucker · 0,1 l Eierlikör · 5 cl Selecto (Rum)
1 Vanilleschote · 1/2 TL Salz · 100 g Rosinen
Früchte

1. Das Weißbrot kleinschneiden.
2. Die Vanilleschote aufschneiden, auskratzen und mit 0,2 l Milch aufkochen, 20 min ziehen lassen.
3. Die restliche Milch, das Eigelb, den Zucker, den Eierlikör, den Rum, das Salz, die Milch (ohne Vanilleschote), die Rosinen in eine Schüssel geben und verrühren.
4. Das Weißbrot damit übergießen und 1 1/2 Std. ziehen lassen.
5. Das Eiweiß mit einem Löffel Zucker steif schlagen und unter die Weißbrotmasse heben.
6. Die Masse in eine Kastenform füllen.
7. Im vorgeheizten Ofen bei 140–150° C 2 Std. backen. Der Auflauf soll oben richtig schön dunkel sein.
8. Den Auflauf in Rauten schneiden, lauwarm oder kalt mit Früchten servieren.

Die Ballade vom treuen Husar hat eine erstaunliche Entwicklung durchgemacht: Sie war früher eines der beliebtesten Küchenlieder und ist heute – trotz des traurigen Textes – ein Dauerbrenner auf Faschings- und Karnevalsbällen.

Der amerikanische Jazztrompeter Louis Armstrong sang das Lied in deutscher Sprache.

Es war einmal ein treuer Husar

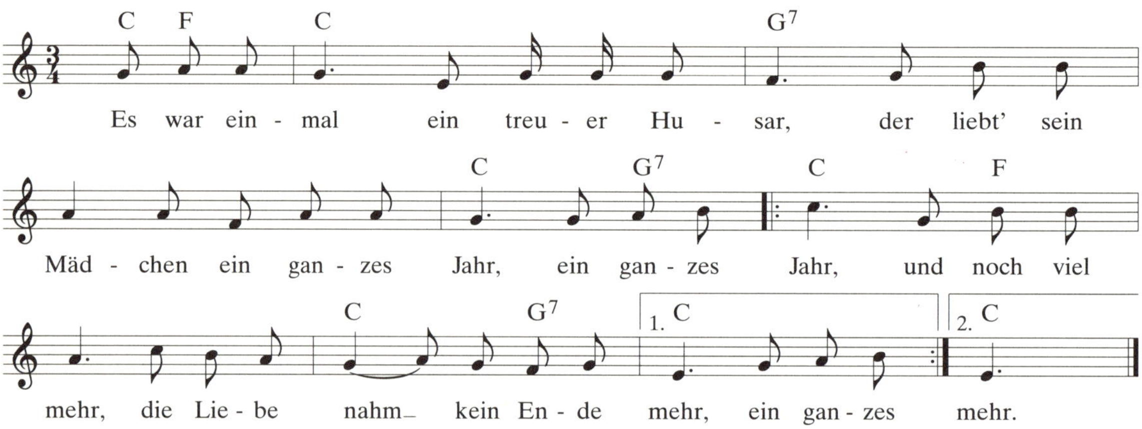

2. Der Husar zog in ein fremdes Land,
Unterdessen ward sein Liebchen krank,
Ja krank, ja krank und noch viel mehr,
Die Krankheit nahm kein Ende mehr.

3. Und als der Husar die Botschaft kriegt',
Daß seine Liebste im Sterben liegt,
Verließ er gleich sein Hab und Gut
Und eilt' zu seiner Liebsten zu.

4. Und als er zum Schatzliebchen kam,
Ganz leise gab sie ihm die Hand,
Die ganze Hand und noch viel mehr,
Die Liebe nahm kein Ende mehr.

5. »Gut'n Abend, gut'n Abend, Schatzliebchen mein,
Was tust du hier so ganz allein?«
So ganz allein und noch viel mehr,
Die Liebe nahm kein Ende mehr.

6. »Gut'n Abend, gut'n Abend, mein feiner Knab'.
Mit mir will's gehen ins kühle Grab.«
»Ach nein, ach nein, mein liebes Kind,
Dieweil wir so Verliebte sind.«

7. Drauf schloß er sie in seinen Arm.
Da war sie kalt und nicht mehr warm:
»Ach Mutter, ach Mutter, geschwind ein Licht,
Meine Liebste stirbt, man sieht es nicht.«

8. »Wo kriegen wir sechs Träger her?
Sechs Bauernbuben, die sind so schwer,
Sechs brave Husaren, die müssen es sein,
Die tragen mein Schatzliebchen heim.«

9. Jetzt muß ich tragen ein schwarzes Kleid,
Das ist für mich ein großes Leid,
Ein großes Leid und noch viel mehr,
Die Trauer nimmt kein Ende mehr.

Wer kennt sie nicht »die letzte Rose« aus Flotows Oper »Martha«? Indes – nicht Flotow war der Komponist! Das Lied stammt aus Irland, komponiert von einem Unbekannten, gedichtet von Thomas Moore: »'t is the last rose of summer.«

In der deutschen Übersetzung wurde es bei uns ein Volkslied, das jedes Kind kannte. Flotow übernahm Text und Melodie für seine Oper »Martha«, und so geschah es, daß ein Volkslied zur populären Opernarie wurde.

Die letzte Rose

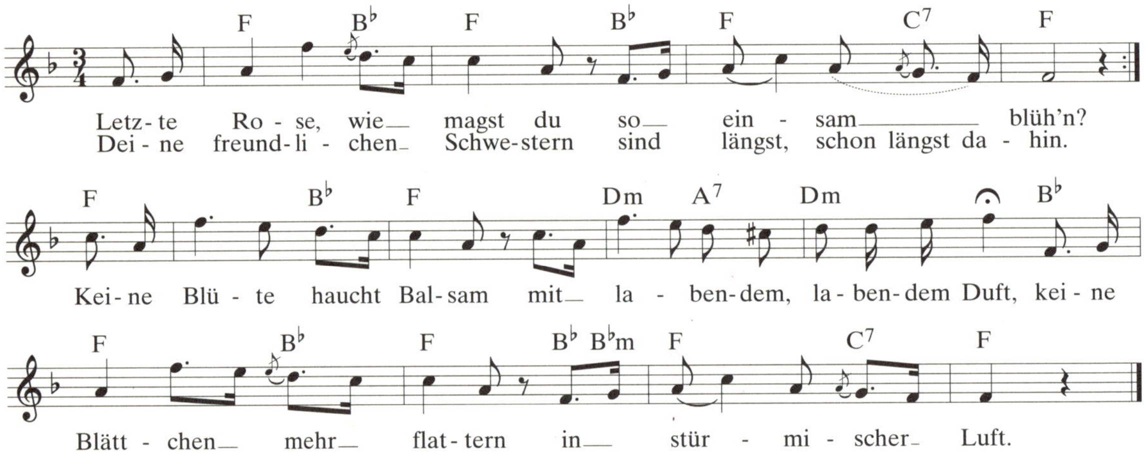

2. Warum blühst du so traurig im Garten allein?
Sollst im Tode mit den Schwestern vereinigt sein.
Drum pflück' ich, o Rose, vom Stamme dich ab,
Sollst ruh'n mir am Herzen und mit mir im Grab.

Glaubt mir's doch, ihr lieben Herzen

Das siebte Kapitel der Küchenlieder

worin allerlei Scherz und Schabernack,
Schwindeleien und Blödeleien
geboten werden

Glaubt mir's doch, ihr lieben Herzen

2. Erstens nehmt zwei Marmorsteine,
Schneidet ihre Lebern raus,
einem Floh zwei Vorderbeine
Und die Milz von einer Laus.
Alles dörrt, dann wird's gestoßet,
Nehmt es samt dem Löffel ein:
Eh dreiviertel Stund vergehen,
Werdet ihr befreiet sein.

3. Zweitens an dem Spieß gebraten
Zwei Maß Milch von einer Gans,
Dazu sechs Lot kühlen Schatten
Und drei Ellen Hasenschwanz.
Laßt's drei Tage wohl zudecken,
Schmiert alsdann den Fuß mit ein,
Laßt es einen Wolf ablecken:
Wird fürwahr nichts Bessers sein.

4. Auch drei Schenkel von der Zwiebel
Und ein Achtel Eselswitz,
Kochet man in einem Stiefel
Und rührt's mit der Nadelspitz,
Mehr Gedanken von Jungfrauen
Und noch fünf Pfund Weiberlist
Hilft genug, doch muß man schauen,
Ob's genug gesotten ist.

5. Sechs Lot Krachen von den Büchsen,
Gleichviel Schein von Mitternacht,
Zwölf Lot Schlaues von den Füchsen
Wird zum Pflaster angebracht.
Wollt' dies alles nicht verfangen,
Liebster Freund, so folget mir:
Schluckt hinab zwei Hopfenstangen:
Das hilft ganz gewiß dafür.

Ein sogenanntes »Lied der unmöglichen Dinge«.

Milch und Honig fließen dort, Kuchen wachsen an den Zweigen, keiner darf sich mühn und bücken: Die Rede ist vom Schlaraffenland, hier besungen von Hoffmann von Fallersleben. Die Melodie komponierte Robert Schumann. »Schlaraffenland« setzt sich zusammen aus den mittelhochdeutschen Wörtern slûr (faul) und affe (Dummkopf). Das Schlaraffenland also ist das Paradies der faulen Dummköpfe.

Das Schlaraffenland

2. Und von Kuchen, Butterwecken
Sind die Zweige voll und schwer;
Feigen wachsen in den Hecken
Ananas im Busch umher.
Keiner darf sich mühn und bücken,
Alles stellt von selbst sich ein.
O wie ist es zum Entzücken!
Ei, wer möchte dort nicht sein!

3. Und die Straßen, aller Orten,
Jeder Weg und jede Bahn,
Sind gebaut aus Zuckertorten
Und Bonbons und Marzipan,
Und von Bretzeln sind die Brücken
Aufgeführt gar hübsch und fein.
O wie ist es zum Entzücken!
Ei, wer möchte dort nicht sein?

4. Ja, das mag ein schönes Leben
Und ein herrlich Ländchen sein.
Mancher hat sich hin begeben,
Aber – keiner kann hinein.
Ja, und habt ihr keine Flügel,
Nie gelangt ihr bis ans Tor:
Denn es liegt ein breiter Hügel
Ganz von Pflaumenmus davor.

Zählen wir zusammen, was im Schlaraffenland alles an Speis und Trank angeboten wird: Milch, Honig, Wein, Kuchen, Butterwecken, Feigen, Ananas, Zuckertorte, Bonbons, Marzipan, Brezeln und Pflaumenmus. Bevor uns schlecht wird, sollten wir Ordnung in die Ingredienzen bringen und schau'n, ob sich daraus ein vernünftiges Rezept machen läßt, denn im Schlaraffenland muß's schon was Besonderes sein.

Schlaraffenland-Schlemmerei

Gemüsesalat mit gegrilltem Lachsfilet · Rehnüßchen in Portwein-Pflaumen-Sauce und Spätzle · Früchtebonbon mit Akazienhonig-Sauce

Gemüsesalat mit gegrilltem Lachsfilet

400 g Lachsfilet · Gemüse vom Markt
(Kaiserschoten, Broccoli, Blumenkohl,
junger Lauch, Kohlrabi, weiße Rübchen, Fenchel,
Schnittbohnen, Zucchini)

DRESSING

1 Eßl. grober Pommerysenf · 1/2 Eßl. Dijonsenf
5 cl Balsamico-Essig · 5 cl Sherry-Essig
0,2 l Olivenöl · 0,1 l Weißwein · Salz · Pfeffer
Zucker · Tabasco · 2 Tomaten · 1 Bund Basilikum

1. Gemüse waschen, putzen, im Salzwasser abkochen und im Eiswasser abschrecken.
2. Pommerysenf, Dijonsenf, Sherry-Essig, Balsamico-Essig in eine Schüssel geben und verrühren.
3. Unter ständigem Rühren das Olivenöl langsam einträpfeln.
4. Mit Salz, Pfeffer, Tabasco und einer Prise Zucker abschmecken. Jetzt noch den Weißwein einrühren.
5. Tomaten kurz in kochendes Wasser halten, kalt abschrecken, abziehen, vierteln, entkernen und in kleine Würfel schneiden.
6. Die Lachsfilets salzen und in einer Pfanne mit Butter ganz langsam braten.
7. Das Gemüse im Wasserdampf leicht erhitzen.
8. Das Dressing leicht erwärmen, mit den Tomatenwürfeln und dem fein geschnittenen Basilikum verrühren.
9. Den Lachs und das Gemüse anrichten und mit dem Dressing beträufeln. Am besten lauwarm anmachen.

Rehnüßchen in Portwein-Pflaumen-Sauce und Spätzle

SPÄTZLE

220 g Mehl · 5 Eier · Salz · Muskat · 50 g Butter

REHNÜSSCHEN

2 Rehoberschalen · 0,1 l roter Portwein
40 g Pflaumenmus · 1/2 l Rehfond
20 g Butter · Salz

1. Das Mehl sieben, Eier, Salz zugeben, alles vermengen und den Teig solange schlagen, bis er Blasen wirft.
2. Den Spätzleteig in kochendes Salzwasser schaben und kalt abschrecken.
3. Die Rehoberschalen von sämtlichen Sehnen und Fett befreien. Mit Salz, Pfeffer würzen und in Butter auf beiden Seiten ca. 5 min braten. Im 70° C heißen Ofen 30–40 min ziehen lassen.
4. Den Rehfond und den Portwein auf ein Viertel reduzieren.
5. Die Spätzle mit der Butter anschwenken, mit Salz und frisch geriebenem Muskat abschmecken.
6. Das Pflaumenmus in die Sauce geben, die kalte Butter mit dem Schneebesen einrühren, mit Salz abschmecken.
7. Rehnüßchen aufschneiden und anrichten. Mit Rosenkohl servieren.

Früchtebonbon mit Akazienhonig-Sauce

CREPETEIG

80 g Mehl · 1 Prise Salz · 1/4 l Milch · 2 Eier
20 g flüssige Butter · 1/2 Eßl. Zucker

AKAZIENHONIG-SAUCE

100 g Akazienhonig · 1/4 l Sahne · 2 cl Rum
2 Eßl. geschlagene Sahne · Pflaumenmus (Marmelade)

FRÜCHTE

6 Erdbeeren · 1/2 Mango · 1/2 Papaya · 4 geschälte Feigen · 100 g Ananas · 8 Litschi · 1 Sternfrucht zum Garnieren · 2 cl Grand Marnier · Lakritze-Schnur

1. Das Mehl und die Milch glattrühren. Die Eier, Salz, Zucker zugeben und verrühren. Dann die flüssige Butter einarbeiten.
2. Vier dünne Crêpes in der Pfanne ausbacken und auskühlen lassen.
3. Den Honig und die Sahne kurz unter ständigem Rühren aufkochen und kalt stellen.
4. Alle Früchte, bis auf die Sternfrucht, in ca. 5 mm große Würfel schneiden und mit dem Grand Manier marinieren.
5. Die Früchte in die Mitte der Crêpes geben, die Crêpes einrollen, zu Bonbons formen und auf beiden Seiten mit der Lakritze-Schnur zubinden.
6. Die Honigsauce mit dem Rum, der geschlagenen Sahne aufrühren, auf dem Teller einen Spiegel anrichten und mit Pflaumenmus verzieren.
7. Das Früchtebonbon aufsetzen, mit der Sternfrucht garnieren, mit Puderzucker bestreuen und servieren.

Was hat ein Krokodil mit Küchenliedern zu tun? Ganz einfach: In München wurde 1856, zur Zeit des kunstsinnigen Bayernkönigs Maximilian II., der Dichterkreis »Gesellschaft der Krokodile« gegründet, dem unter anderem Paul Heyse, Hermann Lingg, Emanuel Geibel und Felix Dahn angehörten. Aus einer Faschingslaune heraus dichtete Emanuel Geibel das Lied vom tanzenden Krokodil.

Da fing der Krokodile zu tanzen an

2. Da nahm der Musikante seine alte Geigen
Und tät mit seinem Bogen fein darüber streichen,
Allegro, dolce, presto – wer weiß wie das geschah?

3. Und wie der Musikante den ersten Streich getan,
Da fing der Krokodile zu tanzen an,
Menuett, Galopp und Walzer, wer weiß wie das geschah?

4. Er tanzte wohl im Sande im Kreise herum,
Und tanzte sieben alte Pyramiden um;
Denn die sind lange wacklich, wer weiß wie das geschah?

Die Donau ist ins Wasser g'falln

2. In Frankfurt ist ein Spaß passiert,
Der Geisbock hat's erzählt:
Sie hab'n ein' toten Schneidergesell'n
Zum Bürgermeister erwählt.

3. Wer mit Katzen ackern will,
Der spann die Mäus' voran,
Dann geht's die ganz Furch hinauf
Die Hetz, die Hetz, die Hetz!

4. Der Stiefel und der Stiefelknecht,
Die führten ein' Prozeß,
Der Esel fährt im Luftballon,
Der Ochse fährt Kalesch.

5. Das Kräuterweib von Luxemburg,
Das handelt mit Spinat:
Jetzt wird der alte Stephansturm
In Wien sogar Soldat.

Ein sogenanntes Lügenlied.

Nur Jungfrauen – so heißt es in einer alten Sage – überqueren den Donaustrudel bei Regensburg unbeschadet, alle Dirndel aber, die einen Myrtenkranz verloren haben, werden vom bösen Nix geschnappt und auf des Strudels Grund hinabgezogen.
Glücklicherweise ist nix Wahres dran. Der Fels, der den Wasserwirbel verursachte, ist gesprengt. Den Strudel also gibt's nicht mehr, und um das Thema der Jungfräulichkeit wird längst kein solcher Wirbel mehr gemacht wie früher.

Adlig Fräulein Kunigund

2. Von dem hohen Berggeschlosse
Kam auf stolzem, schwarzem Rosse
Adlig Fräulein Kunigund,
Wollt' mitfahr'n über Strudels Grund.

3. »Schiffsmann, lieber Schiffsmann mein,
Sollt's denn so gefährlich sein?
Schiffsmann, sag's mir ehrlich,
Ist's denn so gefährlich?«

4. »Wem der Myrtenkranz geblieben,
Landet froh und sicher drüben:
Wer ihn hat verloren,
Ist dem Tod erkoren.«

5. Als sie auf die Mitt' gekommen,
Kam ein großer Nix geschwommen,
Nahm das Fräulein Kunigund,
Fuhr mit ihr in des Strudels Grund.

6. Und ein Mädel von zwölf Jahren
Ist mit über den Strudel gefahren;
Weil sie noch nicht lieben kunnt,
Fuhr sie sicher über Strudels Grund.

Die Schranken der Standesunterschiede wurden früher gelegentlich geöffnet, so etwa bei Sonnwendfeiern, wenn sich die höheren Töchter mit Burschen und Mädchen aus dem einfachen Volk auf Tanzböden tummelten.

Es war damals durchaus üblich, daß dann Knecht und »adlige Maid« zusammen tanzten. Es konnte aber auch passieren, daß der Knecht bei seiner Aufforderung zum Tanz eine schnippische Abfuhr bekam, wie im folgenden Lied geschildert.

Der Knecht und die adlige Maid

2. Do sprach der wohlgezogen Knecht:
»Gott grüß euch, Jungfraun, alle!«
Do sprach die adelige Maid:
»Daß dir ein Ohr abfalle,
mit Nasen und mit alle!«

3. Do sprach der wohlgezogen Knecht:
»Ihr seid ein grobe Maide!«
Do sprach die Maid vom Rosental:
»Wie machst du's nur so raide
in deinem groben Kleide!«

Grün, grün, grün

2. Rot, rot, rot sind alle meine Kleider,
Rot, rot, rot ist alles was ich hab',
Darum lieb' ich alles, was rot ist,
Weil mein Schatz ein Reiter ist.

3. Blau, blau, blau sind alle meine Kleider,
Blau, blau, blau ist alles was ich hab',
Darum lieb' ich alles, was blau ist,
Weil mein Schatz ein Matrose ist.

4. Schwarz, schwarz, schwarz sind alle meine Kleider,
Schwarz, schwarz, schwarz ist alles was ich hab'.
Darum lieb' ich alles, was schwarz ist,
Weil mein Schatz ein Schornsteinfeger ist.

5. Weiß, weiß, weiß sind alle meine Kleider,
Weiß, weiß, weiß ist alles was ich hab'.
Darum lieb' ich alles, was weiß ist,
Weil mein Schatz ein Müller ist.

6. Bunt, bunt, bunt sind alle meine Kleider,
Bunt, bunt, bunt ist alles was ich hab',
Darum lieb' ich alles, was bunt ist,
Weil mein Schatz ein Maler ist.

Am Sonntag, am Sonntag

2. Am Montag, am Montag, da schlaf ich bis um viere,
Da kommt ein lustger Spielgesell, da gehen wir zu Biere.

3. Am Dienstag, am Dienstag, da schlaf ich bis um zehne,
Und wenn mich dann der Meister weckt, dreh ich mich um und gähne.

4. Am Mittwoch, am Mittwoch, da ist die Mitt' der Wochen,
Da hat der Meister 's Fleisch verzehrt, behalt er auch die Knochen.

5. Am Donnerstag, am Donnerstag, da ist es gut zu spaßen,
Da nehm ich's schwarzbraun Mägdelein und geh mit auf der Gassen.

6. Am Freitag, am Freitag, da kommt's Gewerk zusammen,
Da eß ich drin zum Abendbrot die schönste Butterbamme.

7. Am Sonnab'nd, am Sonnab'nd, da ist die Woch' zu Ende,
Da geh ich zur Frau Meisterin und hol mir 'n reines Hemde.

In diesem Spottlied wird gesagt, was es für Handwerksburschen zu essen gab. Meist war's eine rechte Hungerleiderkost. Manchmal gab's jedoch auch etwas richtig Deftiges, das die leeren Mägen füllte.

Arme-Schlucker-Schleckerei

Bohnensuppe · Gefüllter Schweinebraten mit Semmelknödel und Gurken-Rettichsalat · Birnenstrudel

Bohnensuppe

300 g Schnittbohnen · 1 Zwiebel · 1 kleine Knoblauchzehe · 1 l Gemüsebrühe · 1 Kartoffel mittlerer Größe · 50 g Butter · Salz · Pfeffer · Muskat · Bohnenkraut

1. Bohnen waschen, putzen und in 1,5 cm lange Stücke schneiden.
2. Zwiebel hacken, Knoblauch klein schneiden und mit einer Prise Salz fein reiben.
3. Butter schmelzen, Zwiebel und Knoblauch andünsten, Bohnen zugeben, Deckel aufsetzen und ca. 5 min weiterdünsten.
4. Mit der Gemüsebrühe auffüllen, mit Salz, Pfeffer und Muskat würzen. Deckel schließen und ca. 10 min kochen.
5. Die Kartoffel waschen, schälen und fein reiben.
6. Die Kartoffel unter Rühren mit dem Schneebesen in die Suppe geben. Mit Bohnenkraut würzen und noch ca. 4–5 min kochen lassen.
7. Abschmecken, mit frisch gehackter Petersilie bestreuen und servieren.

Gefüllter Schweinebraten mit Semmelknödel und Gurken-Rettichsalat

1 kg Schweinehals · 250 g Paprika gemischt · 1 Zwiebel · 1 Knoblauchzehe · 1/4 l Bier · Dijonsenf · Salz · grober schwarzer Pfeffer · Majoran · Kümmel

SEMMELKNÖDEL

6 Semmeln vom Vortag · 0,3 l Milch · 4 Eier · 2 Zwiebeln · Salz · Muskat · Majoran · Kümmel · Petersilie

GURKEN-RETTICHSALAT

1 Salatgurke · 1/2 Japanrettich · Birnenessig

1/2 TL frisch geriebener Meerrettich · Salz

1. Schweinehals wie einen Lappen aufschneiden, so daß man ihn hinterher wieder wie einen Rollbraten zusammenrollen kann.
2. Paprika waschen, putzen und mit der Zwiebel in Streifen schneiden. Knoblauch fein schneiden.
3. Schweinehalslappen mit Salz, Pfeffer, Majoran und etwas Kümmel auf der Innenseite würzen.
4. Dann die Innenseite mit Dijonsenf bestreichen, die Paprikastreifen, Zwiebel und den Knoblauch darauf verteilen.
5. Den Schweinelappen fest einrollen und binden.
6. Im heißen Ofen ca. 2 1/2 Std. bei ca. 180° C braten.
7. Die fein geschnittenen Semmeln vom Bäcker mit der heißen Milch übergießen und ca. 1 Std. abgedeckt ziehen lassen.
8. Gurken und Rettich schälen, grob in eine Schüssel hobeln, mit Salz, Birnenessig und dem fein geriebenen Meerrettich abschmecken.
9. Die Zwiebeln fein hacken, in Butter anschwitzen und in die Schüssel mit den Semmeln geben.
10. Eier einschlagen mit Salz, Muskat, Majoran, Kümmel und frisch gehackter Petersilie abschmecken. Knödel abdrehen, in kochendes Wasser geben, 5 min kochen und 15 min ziehen lassen.
11. Vom Schweinebratenfond mit dem Bier eine Sauce ziehen.
12. Den Braten von den Schnüren befreien und aufschneiden.
13. Mit den Semmelknödeln und der Sauce anrichten. Den Salat auf einen extra Teller dazu reichen.

Birnenstrudel

STRUDELTEIG

100 g Mehl · 8 cl Wasser · 2 Eßl. Öl · Salz

1 Eigelb · 2 cl Wasser

5 Williams Christbirnen · Semmelbrösel

Haselnüsse · Zucker · Rosinen · Williams (Schnaps)

1. Mehl, Wasser und Öl miteinander verkneten.
2. Den Teig ca. 2 Std. zum Ruhen kalt stellen.
3. Birnen waschen, schälen, vierteln, entkernen, in ca. 3 mm dicke Spalten schneiden und mit etwas Zitronensaft beträufeln.
4. Semmelbrösel, fein gehackte Haselnüsse, Zucker, Rosinen, Williams zugeben und vermengen.
5. Den Teig auf einem Tuch mit dem Handrücken rechteckig ausziehen.
6. Die Birnen gleichmäßig darauf verteilen und durch Anheben des Tuches von einer Seite einrollen.
7. Den Strudel auf ein Backblech legen.
8. Das Eigelb mit etwas Wasser verrühren und den Strudel damit bestreichen.
9. Bei 180° C im vorgeheizten Ofen ca. 35–40 min backen.
10. Den Strudel lauwarm servieren.

Die Handlesekunst

2. Merk' auf, es ist ein hohes Wort
Und liegt viel Wahrheit drin:
Sind vierundzwanzig Stunden fort,
So ist ein Tag dahin.

3. Sobald es Nacht geworden ist,
Sind alle Katzen grau,
Und wenn der Mann sein' Gattin küßt,
So küßt er seine Frau.

4. Ein jedes Paar, das taufen ließ,
Kennt sich neun Monden schon;
Und wen man nach dem Vater hieß,
Der war des Vaters Sohn.

5. So oft man viele Trauben liest,
Gerät die Lese gut;
Und wer der Frau Pantoffel küßt,
Der hat nicht mehr den Hut.

6. Der dich um eine Wohltat bat,
Der war ein armer Tropf;
Und wer den ganzen Ochsen hat,
Hat auch den Ochsenkopf.

7. Wer vor der Nadelspitze flieht,
Bleibt nicht vor Degen steh'n,
Und wer dem Affen ähnlich sieht,
Ist nie besonders schön.

8. Wer Heu genug im Stalle hat,
Dem wird die Kuh nicht mager,
Und wer 'ne schöne Schwester hat,
Der kriegt bald einen Schwager.

9. Wenn du zum Spiegel dich bemühst,
Zeigt sich der erste Tor:
Der zweite, der nicht sichtbar ist,
Steht mehrenteils davor.

Text: Ludwig Gericke.
Melodie: Ludwig Seidel.

Die Toten reiten schnell

DAS ACHTE KAPITEL DER KÜCHENLIEDER

worin von Gespensterreitern, verwunschenen Schlössern,
von bleichen Totenhänden und vom Satan selbst
zu lesen ist

Diese Volksballade schildert eine uralte Sage: Der Geist eines Verstorbenen kommt als Gespensterreiter um Mitternacht zur Geliebten und holt sie zu sich ins Totenreich.

Die Macht der Liebe – das will dieser Mythos sagen – ist so groß, daß sie eine Verbindung zwischen Lebenden und Toten erzwingt.

Gottfried August Bürger hat dieses Motiv in seiner Ballade »Lenore« 1773 aktuell verarbeitet: Der Gespensterreiter ist bei ihm ein im Siebenjährigen Krieg gefallener Soldat.

Die Toten reiten schnell

2. »Mach auf, mein Schatz, dein Fenster,
laß mich zu dir hinein,
kann nicht lang bei dir sein!

3. Der Hahn tat laut schon krähen,
er singt uns an den Tag,
der nicht lang bleiben mag.

4. Weit bin ich hergeritten,
zweihundert Meilen weit
muß ich noch reiten heut.

5. Herzallerliebste mein,
komm, setz dich auf mein Pferd,
der Weg ist Reitens wert.

6. Dort drin im Ungarlande
hab ich ein kleines Haus,
da geht mein Weg hinaus.

7. Auf einer grünen Heide
da ist mein Haus gebaut,
für mich und meine Braut.

8. Laß mich nicht lang mehr warten,
komm, Schatz, zu mir herauf,
weit fort geht unser Lauf.

9. Die Sternlein tun uns leuchten,
es scheint der Mond so hell,
die Toten reiten schnell.«

10. »Wo willst mich dann hinführen?
Ach Gott, was hast du gedacht
in dieser finstern Nacht?

11. Mit dir kann ich nicht reiten,
dein Bettlein ist nicht breit,
der Weg ist auch zu weit.

12. Allein leg du dich nieder,
Herzallerliebster, schlaf
bis an den jüngsten Tag.«

Heinrich schlief bei seiner Neuvermählten

2. Zwölfe schlug's, da drang durch die Gardine
eine bleiche, kalte Totenhand.
Was erblickt er? – Seine Wilhelmine,
die im Sterbekleide vor ihm stand.

3. »Bebe nicht«, sprach sie mit leiser Stimme,
»ehmals mein Geliebter, bebe nicht.
Ich erscheine nicht vor dir im Grimme,
deiner neuen Liebe fluch ich nicht.

4. Unglück hat mein armes junges Leben
bis zum Tode damals abgekürzt.
Doch der Himmel hat mir Kraft gegeben,
daß ich nicht zur Hölle bin gestürzt.

5. Warum glaubt ich Schwache deinen Schwüren,
baute fest auf Zärtlichkeit und Treu,
mir nicht träumend, daß ein Herz zu rühren, –
mehr als rühren – euch nur Spielwerk sei!

6. Weine nicht, denn eine Welt wie diese,
ist der Tränen, die du weinst, nicht wert.
Lebe froh und glücklich mit Elise,
welche du zur Gattin hast begehrt.

7. Schätze hast du, Heinrich, ach bediene
ihrer dich zu meiner Seele Rast,
schaffe Ruhe deiner Wilhelmine,
die du lebend ihr entzogen hast.«

8. »Opfer willst du, Opfer!« Heinrich tobte. –
»Heinrich, Heinrich«, haucht es durch die Nacht.
Da verschwand die einstige Verlobte.
Einen Selbstmord hat er dann vollbracht.

9. Gnade fand sie, doch ihr Ungetreuer
war verloren ohne Wiederkehr.
Als ein Scheusal, als ein Ungeheuer,
irrt sein Geist um Mitternacht umher.

Text: Johann Friedrich August Katzner,
graflich Degenfeldscher Hofrat.
Melodie: Alte Volksweise.

Schon ist Mitternacht vorüber

2. »Ruhen kann ich nicht allein!
Denn mein Geliebter hat versprochen
Heute bei mir anzupochen:
Ruhen kann ich nicht allein!«

3. »Ruhen sollst du nicht allein!
Hat dein Buhle dir gelogen,
Nun so sei er auch betrogen,
Bring mich in dein Kämmerlein!«

4. »Bringen will ich dich dahin;
Eng ist's nur, mißt kaum drei Schritte,
Aber Ruh in seiner Mitte,
Ringsum blüht der Rosmarin.«

5. »Wie das Leichhuhn ängstlich ruft!
Wie die Winde schaurig blasen!
Ist das nicht der Kirchhof-Rasen?
Ha, ich wittre Gräberduft!«

6. »Sieh, hier ist mein Schlafgemach,
Eng und klein und still und düster:
Sieh, da stört uns kein Geflüster,
Und da wohnt kein Weh und Ach!«

7. »Weh, dies ist Luisens Grab,
Die ich treulos einst verlassen!
Mädchen, mußt mich nicht umfassen!
Weh, du ziehst mich ja hinab!«

8. »Sieh, Luise steht vor dir!
Hast mich ja zur Braut gewählet;
Komm, der Tod hat uns vermählet,
Komm und schlummre nun bei mir!«

Es floh ein Ritter mit seiner Dam'

2. Die Handwerksgesellen bauten ein Schloß
Mit Mauern und mit Graben,
Als fertig Mauer, Schloß und Wall,
Da rief sie der Ritter in den Stall,
Sie sollten Bezahlung haben.

3. Der Ritter schloß die Türe zu
Und tat den Stall anzünden,
Die Handwerkleute sind verbrannt;
Nicht einen Knochen man da fand,
Der des Ritters Schloß verraten.

4. So wie es dunkle Mitternacht,
So kommen die da Verbrannten,
Es pocht ans Tor der Zimmermann,
Der Schmied klirrt frei die Stiegen an,
Sie wollen den Lohn sich holen.

Der Gespensterreiter

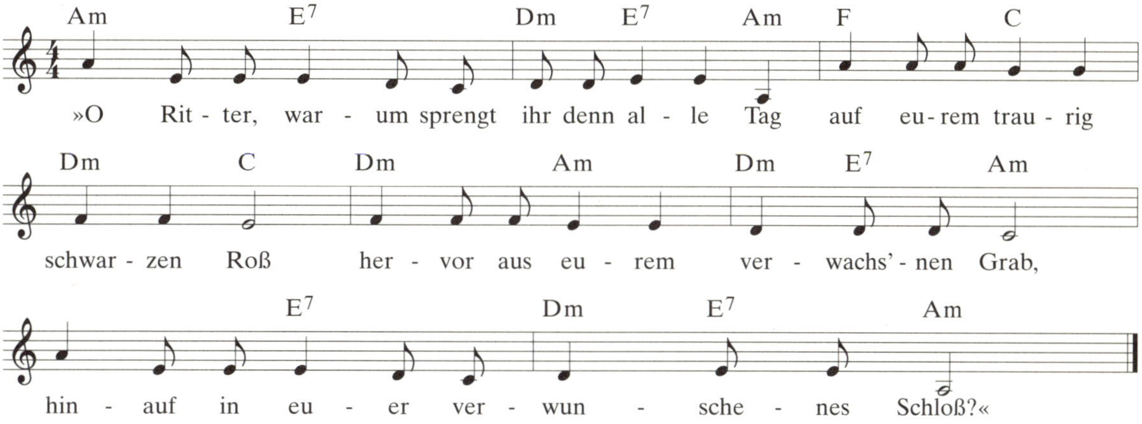

2. »Könnt ich den ruhen und bleib'n im Grab,
Wenn dort das weißköpf'ge Dirndel singt?
Dürft ich's versäumen einen einzigen Tag,
Daß mir nicht 's Herz aus der Totentruhe springt?

3. Hätt' ich nur einmal die goldene Freud
Auf meinem traurigen Totenritt,
Brächt' ich's nur einmal so weit, so weit,
Daß mir ging das weißköpfige Dirndel mit!«

Der Satan und die Prinzessin

2. »Du hörst mein Schreien und siehst mich nicht,
Ich bin im hohlen Baum versteckt.«

3. »Wer hat dich denn darein gesteckt?«
»Die jüngste der Prinzesselein.«

4. Er nahm den Knaben auf seinen Arm,
Und trug ihn in das Hochzeitshaus.

5. »Guten Tag, guten Tag, ihr Hochzeitsleut,
Ich bring euch ein klein Knäbelein.«

6. »Wer soll denn seine Mutter sein?«
»Die mit dem grünen Kränzelein.«

7. »Wie kann ich seine Mutter sein?
Ich trag ein grünes Kränzelein.«

8. »Ei so wünscht ich, daß der Satan käm
Und dir den grünen Kranz abnähm!«

9. Kaum hat er diese Worte ausgesagt,
Der Satan zu der Tür reinkam
Und ihr den grünen Kranz abnahm.

Müde kehrt ein Wanderer zurück

DAS NEUNTE KAPITEL DER KÜCHENLIEDER

worin von glücklichem
und wunderbarem Wiedersehen
berichtet wird

Ewig hat sie nicht auf die Rückkehr des Geliebten gewartet, die Gärtnerin, so hold und schön, von der in dieser Ballade die Rede ist. Kein Wunder, daß Lieder zu diesem Thema gerne gesungen wurden. Denn das Warten auf den Geliebten war für viele daheimgebliebene Mädchen ein Problem zu einer Zeit, als Handwerkerburschen auf Wanderschaft gingen, fahrende Studenten von Universität zu Universität reisten und viele junge Männer als Soldaten in den Krieg zogen.

Müde kehrt ein Wanderer zurück

2. Und die Gärtnerin, so hold und schön,
Tritt zu ihren Blumenbeeten hin,
Und bei jedem Blümlein, das sie bricht,
Rollen Tränen ihr vom Angesicht.

3. »Warum weinst du, holde Gärtnersfrau?
Weinst du um das Veilchen dunkelblau,
Oder um die Rose, die dein Finger bricht?«
»Nein, um diese Rose wein ich nicht.

4. Ich weine nur um dich, geliebter Freund;
Du zogst in die Welt so weit hinein,
Treu und Eid ich dir geschworen hab,
Den ich, Gärtnerin, gebrochen hab.«

5. »Warum hast du mir denn nicht getraut?
Deine Liebe auf den Sand gebaut,
Sieh den Ring, der mich tagtäglich mahnt
An die Treue, die du gebrochen hast!

6. Nun so trifft mich Wandrer das Geschick
In der Heimat meiner Lieben Blick;
Drum so gib mir, holde Gärtnersfrau
Einen Blumenstrauß von Tränen betaut.

7. Und mit diesem Sträußchen in der Hand
Will ich wandern durch das ganze Land,
Bis der Tod mein müdes Auge bricht;
Lebe wohl, leb wohl, vergiß mein nicht!«

Falsche Todes-Botschaft

2. Er zog hinaus zum blutigen Gefechte,
Er zog hinaus und kam auch nimmermehr.
In einer Schlacht da fand man seine Leiche;
So laut't die Botschaft, die man trug daher.

3. So stand ich da, für immer nun verlassen,
Auch meine Mutter lebt schon längst nicht mehr,
Mußt Wilhelm fort in fremde Länder reisen,
Er ist nun tot und kehrt auch nimmermehr.

4. Wir liebten uns auf immer und auf ewig,
Wir liebten uns getreu bis in den Tod;
Wir liebten uns, wie sich zwei Kinder lieben,
Sein Herz war mein und ich auf ewig sein.

5. Einstmals saß ich vor meiner Eltern Türe,
War ganz betrübt und weint' gar jammervoll,
Da kam ein schöner Herr daher gegangen
Mein Wilhelm war's, es war sein Wuchs, sein Gang.

6. »O Wilhelm mein, wo bist du denn geblieben?
Hätt'st du geschrieben, wär ich jetzt noch die Dein.
O Wilhelm, warum hast du nicht geschrieben?
Rudolf ist mein und ich auf ewig sein!«

Es kam ein Abenteurer

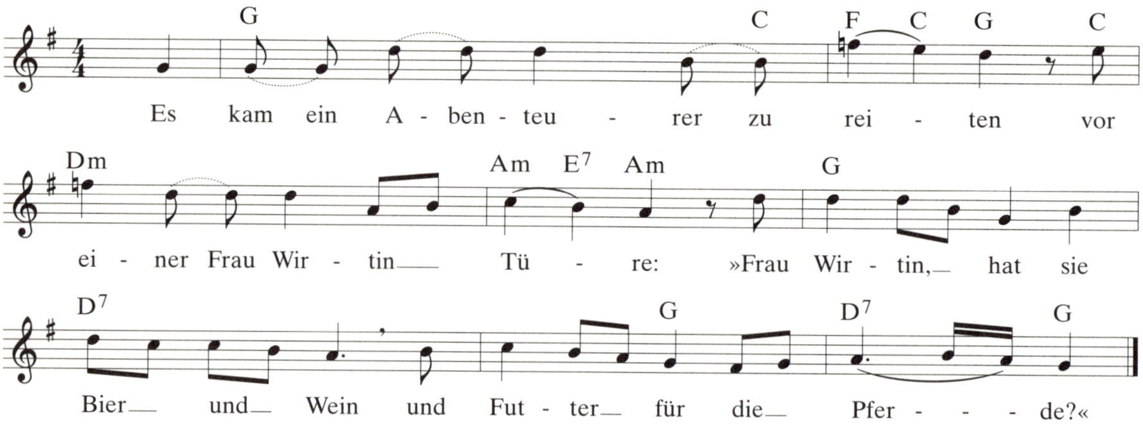

2. Der Reiter schaut bald hie bald da,
Er schaut sich an die schöne Magd:
»Frau Wirtin, ist das euer Töchterlein,
Oder ist es ein schönes Jungfräulein?«

3. »Es ist das eine gedungene Magd,
Die wohl den Gästen den Wein auftragt.«
»Und ist es eine gedungene Magd,
Die euren Gästen den Wein auftragt.

4. So könnt ihr stille schweigen,
Daß ich bei eurer Magd könnt bleiben,
Eine Stund' oder zwei, eine Nacht dabei,
So lang ich will eur' Gast hier sein.«

5. »Ach, ja, mein Herr, ich könnt wohl schweigen,
Daß ihr bei meiner Magd mögt bleiben
Eine Stund oder zwei, eine Nacht dabei,
So lang ihr hier zu Gast wollt sein!«

6. Und als es war des Abends spat,
Da sagt die Wirtin zu ihrer Magd:
»Der Herr will nun schlafen geh'n,
Du wackres Mägdlein sollt mit ihm gehen!«

7. So manchen Tritt die Magd da tät,
So floß ihr auch manche Trän';
Sie rief die heil'ge Jungfrau mild,
Zu wahren ihr Ehr', zu sein ihr Schild.

8. Es begab sich da zur halben Nacht,
Der Held wohl an sein Lieb gedacht:
»Wohlan, mein Kind und kehr dich herum,
Daß ich kann küssen den roten Mund!«

9. »Wie könnt ich, mein Herr, herum mich drehn,
Mein arm jung Herz tut mir so weh,
Meine Blutsfreund wohnen so fern im Land,
Sie sind dem Herrn ganz unbekannt.«

10. »Und wohnen deine Freund so fern im Land,
Und sind sie mir ganz unbekannt,
So nenne der Freunde zwei oder drei,
Daß ich sie mag kennen und gehn dabei!«

11. »Mein Mutter ist Frau Bertha genannt,
Meine Schwester heißt die schöne Joland,
Mein Vater schreibt sich von Straßburg, der Herr,
Und Konrad heißt der Bruder mein.«

12. »So bist du mein Schwester, die schöne Wallreit,
Die ich sieben Jahre gesuchet so weit?
So bist du mein Schwester! Nun Gott sei Dank!
Daß ich dich endlich gefunden han.«

13. Als Morgens früh der Tag anbrach,
Da fing der Wirt zu rufen an:
»Steh auf, steh auf, du faule Magd,
Es hat schon lange gekräht der Hahn!«

14. »Es ist fürwahr keine faule Magd,
Sie ist edel wie eine im Land:
Es ist meine Schwester, die schöne Wallreit,
Um die ich sieben Jahre geritten so weit.«

15. Er hatte sie lieb, er hatte sie wert,
Er nahm sie vor sich auf sein Pferd,
Er ritt mit ihr über Berg und Tal,
Bis daß sie zu ihrer Frau Mutter kam.

16. Frau Mutter nahm sie wohl in den Arm,
Herr Vater nahm sie bei der Hand,
Die Schwester lief zum Keller hinein,
Und holte sogleich eine Kann mit Wein.

Sieben Jahre lang hat der Bruder seine verschollene Schwester gesucht – und nun steht das große Wiedersehen daheim auf dem Schloß bevor. Grund für ein Festmahl von fürstlicher Dimension.

Das Wiedersehen-Galadiner

Eichblattsalat mit gebratenem Hasenrückenfilet auf Pilzfrikassee und Walnußöl
Rebhuhnbrust auf Champagnerkraut und Oliven-Kartoffelpüree
Karamelapfeltörtchen auf Zimtsauce

Eichblattsalat mit gebratenem Hasenrückenfilet auf Pilzfrikassee und Walnußöl

4 Hasenrückenfilet · 80 g Pfifferlinge · 80 g Steinpilze · 80 g Steinchampignons · 1 Schalotte
40 g Butter · 1/8 kräftige Gemüsebrühe

DRESSING

4 cl Weißweinessig · 10 cl Walnußöl · 1 Schalotte
Salz · schwarzer Pfeffer · 1/2 TL Zucker
Petersilie

1. Den Eichblattsalat putzen, waschen und gut trockenschütteln.
2. Die Pilze putzen, waschen und kleinschneiden.
3. Das Hasenrückenfilet von sämtlichen Sehnen und Fett befreien.
4. Die Schalotte feinhacken.
5. Den Weißweinessig, die Schalotte, Salz, Pfeffer, Zucker und die frisch gehackte Petersilie verrühren.
6. Langsam das Walnußöl einrühren.
7. Das Hasenrückenfilet in Butter ca. 1,5 min auf beiden Seiten braten und bei 80° C ca. 20 min an die Wärme stellen.
8. Die Pilze in die Pfanne geben, mit Salz, frisch gemahlenem Pfeffer würzen und anbraten.
9. Mit der Gemüsebrühe ablöschen, die restliche kalte Butter zugeben, reduzieren lassen bis eine leichte Bindung entstanden ist.
10. Mit etwas Dressing, Walnußöl, frisch gehackter Petersilie und Zitronensaft abschmecken.
11. Den Salat anmachen und als Bukett anrichten.
12. Die warmen Pilze anrichten und das aufgeschnittene Hasenrückenfilet darauf setzen, mit Walnüssen garnieren und servieren.

Rebhuhnbrust auf Champagnerkraut und Oliven-Kartoffelpüree

4 Rebhuhnbrust · 8 Scheiben geräucherten Speck
400 g frisches Sauerkraut · 1 Zwiebel
0,25 l Fleischbrühe · 0,1 l Apfelsaft · 1 Lorbeerblatt · 5 Wacholderbeeren · 1/2 TL gemahlener Kümmel · 30–50 g Zucker · 0,2 l Champagner
150 g Crème fraîche

OLIVEN-KARTOFFELPÜREE

600–700 g mehlig kochende Kartoffeln
0,4 l Milch · 100 g Butter · 20 g grüne Oliven
6 cl natives Olivenöl · Salz · Muskat

1. Zwiebeln in Streifen schneiden und in Butterschmalz anbraten, mit Apfelsaft ablöschen, Sauerkraut zugeben, mit der Fleischbrühe auffüllen.
2. Das Lorbeerblatt, die Wacholderbeeren, den Kümmel, den Zucker und 0,1 l Champagner zugeben und ca. 20–30 min kochen.
3. Die Kartoffeln waschen, schälen und im Dämpfer garen.
4. Rebhuhnbrust mit jeweils zwei Streifen Speck umwickeln und mit frisch gemahlenem weißen Pfeffer würzen.
5. Die Rebhuhnbrust in Butter ca. 3–4 min auf jeder Seite goldbraun braten, zum Ruhen bei 80° C warm legen.
6. Die Kartoffeln durch eine Presse in eine Schüssel drücken, weiche Butter, die fein gehackten grünen Oliven, das Olivenöl und die heiße Milch zugeben und mit einem Schneebesen gut verrühren.
7. Das Sauerkraut mit Crème fraîche aufrühren, den restlichen Champagner zugeben.
8. Das Sauerkraut auf einem Teller anrichten, Rebhuhn aufschneiden, auf das Sauerkraut setzen und das Kartoffelpüree daneben garnieren.

Karamelapfeltörtchen auf Zimtsauce

4 Äpfel · 80 g Butter · 6 Eßl. Zucker
0,3 l Apfelsaft · 3 Bl Gelatine · 1 Eßl. Zucker

ZIMTSAUCE

4 Zimtstangen · 4 Eigelb · 80 g Zucker · 0,4 l Milch
Früchte

1. Die Äpfel schälen, vierteln, entkernen und in Spalten schneiden.
2. Die Butter in einer Pfanne schmelzen, die Äpfel zugeben, den Zucker darüber streuen.
3. Die Äpfel ca. 8–10 min braten, bis sie karamelisieren und weich sind. In eine Schüssel geben und erkalten lassen.
4. Die Milch und zerstoßene Zimtstangen zusammen aufkochen, 20 min ziehen lassen.
5. Das Eigelb und den Zucker schaumig rühren, in die Milch geben, erhitzen, bis das Eigelb gebunden hat und durch ein Sieb gießen. Erkalten lassen.
6. Die Gelatine in kaltem Wasser einweichen, den Apfelsaft erwärmen, die Gelatine und den Eßl. Zucker darin auflösen.
7. Die Äpfel in Förmchen füllen, mit dem Apfelsaft aufgießen und 5 Std. kalt stellen.
8. Die kalte Zimtsauce mit etwas geschlagener Sahne aufrühren und anrichten. Die Äpfel aus der Form lösen und auf die Sauce stürzen, mit Früchten ausgarnieren.

Der Bruder, der ein Räuber war

2. »Gib mir dein Geld, ansonsten bist du verloren,
Gib mir dein Geld, dein Leben ist sonst hin,
Gib mir dein Geld, sonst muß ich dich durchbohren,
das sage ich, so wahr ich Räuber bin.«

3. »Ich hab kein Geld, kann leider kein's dir geben,
Willst du mein Leben, nimm's und kühle deine Lust,
Willst du es haben, so will ich es dir geben,
Ich öffne dir von selber meine Brust.«

4. »Und wenn du Geld, ach Geld hättest so vieles,
Nein, dich zu morden hab ich keine Lust.
Denn ach, ja ach, was muß ich bei dir sehen,
Was trägst du da auf deiner bloßen Brust?

5. Was trägst du da, um deinen Hals gebunden,
Es glänzt wie Gold und weiße Stickerei?«
»Das ist das Bild von meiner treuen Mutter,
Die ich geliebt in alle Ewigkeit.«

6. Da fiel der Räuber plötzlich vor ihm nieder:
»Verzeih, verzeih, daß ich dein Bruder bin.
Zwölf Jahre sind, seit wir uns nicht gesehen,
Und nun muß ich als Räuber vor dir stehn.

7. Zwölf Jahre haben wir uns nicht gesehen.
In diesen Wäldern trieb ich mich umher.
Als Räuber mußte ich dich wiedersehen,
komm laß uns reisen übers weite Meer.«

Die verstoßene und heimgekehrte Tochter

2. Und da sie vor das Thor 'nauskam,
Soldatenkleider zog sie an;
Die Kleider stunden ihr so zier,
Wie einem jungen Kavalier.

3. Es daur't nicht lang, war eine Schlacht,
Zu einem Fähnrich ward sie gemacht.
Die Schlacht die währte 'ne kleine Weil
Vom Frühstück bis zur Vesperzeit.

4. Und als die Schlacht vorüber war,
Schwang sich der Fähnrich auf sein Pferd;
Er ritt wohl auf die Seiten,
Nicht weit von seinen Leuten,
Nicht weit von seines Vaters Haus.

5. »Ach Herr, herzliebster Herre mein,
Habt ihr denn nicht ein Töchterlein,
Ich wollte sie mir mal anschaun,
Ich wollt sie nehmen mir zur Fraun,
Ich wollt sie nehmen mir zur Fraun.«

6. »Ach Fähnrich, lieber Fähnrich mein,
Ich habe wohl ein Töchterlein,
Sie ist sich fortgegangen
Und soll noch wiederkommen,
Gott weiß, seh ich sie noch einmal!«

7. »Ach Vater, herzliebster Vater mein,
Ich bin eu'r einziges Töchterlein,
Habt ihr mich gleich verwiesen,
Ich habe euch schon verziehen,
Denn streiten muß ich doch einmal.«

Es stand eine Lind' im tiefen Tal

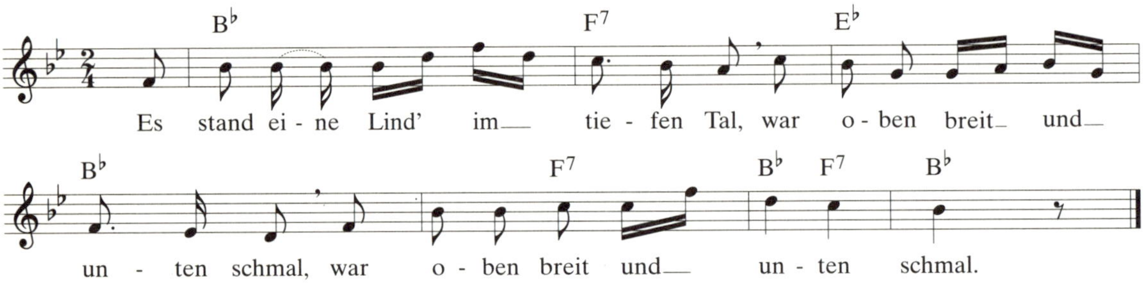

2. Worunter zwei Verliebte saß'n,
Und die vor Lieb ihr Leid vergaß'n.

3. »Feinslieb, wir müssen von einander,
Ich muß noch sieben Jahre wandern.«

4. »Mußt du noch sieben Jahre wandern,
Heirat ich doch keinen andern!«

5. Und als die sieben Jahre umme war'n,
Sie meint, ihr Liebchen käme bald.

6. Sie ging wohl in den Garten,
Ihr Feinslieb zu erwarten.

7. Sie ging wohl in das grüne Holz,
Da kam ein Reiter geritten stolz.

8. »Gott grüß dich, du Hübsche, du Feine!
Was machst du hier alleine?

9. Ist dir dein Vater und Mutter gram,
Oder hast du heimlich einen Mann?«

10. »Mein Vater und Mutter sind mir nicht gram,
Ich hab auch heimlich keinen Mann.

11. Heut sind's drei Wochen und sieben Jahr,
Daß mein Feinslieb gewandert war.«

12. »Gestern bin ich geritten durch eine Stadt,
Da dein Feinslieb Hochzeit gehabt;

13. Was tust du ihm denn wünschen an,
Daß er seine Treue nicht gehalten hat?«

14. »Ich wünsche ihm all das Beste
So viel der Baum hat Äste.

15. Ich wünsch ihm so viel gute Zeit,
So viel als Stern am Himmel sein.

16. Ich wünsch ihm so viel Glück und Segen,
Als Tröpflein von dem Himmel regnen.«

17. Was zog er von dem Finger sein?
Einen Ring von roten Golde fein.

18. Er warf den Ring in ihren Schoß,
Sie weinte, daß das Ringlein floß.

19. Was zog er aus seiner Taschen?
Ein Tuch, schneeweiß gewaschen.

20. »Trock'n ab, trock'n ab, dein Äugelein:
Du sollst fürwahr mein eigen sein!

21. Ich tät dich ja nur versuchen,
Ob du würdest schwören oder fluchen.

22. Hätt'st du mir einen Fluch oder Schwur getan,
So wär' ich gleich geritten davon.«

Lied- und Rezeptverzeichnis

Alle Liedanfänge sind normal gesetzt.
Wenn Liedanfang und Liedtitel nicht übereinstimmen,
wurde der Liedtitel kursiv gesetzt.